ESTRATÉGIA
ARTE E CIÊNCIA NA CRIAÇÃO E EXECUÇÃO

C887e Crainer, Stuart.
　　　　Estratégia : arte e ciência na criação e execução / Stuart
　　　　Crainer, Des Dearlove ; tradução: Karina Schultz Jacques. –
　　　　Porto Alegre : Bookman, 2014.
　　　　　viii, 188 p. ; 14 x 21 cm. – (Série Thinkers50)

　　　　ISBN 978-85-8260-213-3

　　　　1. Administração – Estratégia. 2. Gestão de negócios. I.
　　　　Dearlove, Des. II. Título. III. Série.

　　　　　　　　　　　　　　　　　　　　　　　　CDU 658.15

Catalogação na publicação: Poliana Sanchez de Araujo – CRB 10/2094

ESTRATÉGIA

ARTE E CIÊNCIA NA CRIAÇÃO E EXECUÇÃO

STUART CRAINER + DES DEARLOVE

Tradução:
Karina Schultz Jacques

2014

Obra originalmente publicada sob o título
Strategy: The Art and Science of Strategy Creation and Execution
ISBN 978-0-07-182786-7 / 0-07-182786-2

Copyright ©2014, The McGraw-Hill Global Education Holdings, LLC, New York, New York 10020.
Todos os direitos reservados.

Gerente editorial: *Arysinha Jacques Affonso*

Colaboraram nesta edição:

Editora: *Mariana Belloli*

Capa: *Maurício Pamplona*

Leitura final: *Miriam Cristina Machado*

Editoração eletrônica: *Techbooks*

Reservados todos os direitos de publicação, em língua portuguesa, à
BOOKMAN EDITORA LTDA., uma empresa do GRUPO A EDUCAÇÃO S.A.
Av. Jerônimo de Ornelas, 670 – Santana
90040-340 – Porto Alegre – RS
Fone: (51) 3027-7000   Fax: (51) 3027-7070

É proibida a duplicação ou reprodução deste volume, no todo ou em parte, sob quaisquer formas ou por quaisquer meios (eletrônico, mecânico, gravação, fotocópia, distribuição na Web e outros), sem permissão expressa da Editora.

Unidade São Paulo
Av. Embaixador Macedo Soares, 10.735 – Pavilhão 5 – Cond. Espace Center
Vila Anastácio – 05095-035 – São Paulo – SP
Fone: (11) 3665-1100   Fax: (11) 3667-1333

SAC 0800 703-3444 – www.grupoa.com.br

IMPRESSO NO BRASIL
PRINTED IN BRAZIL

Sumário

	Introdução	vii
CAPÍTULO 1	Como chegamos aqui	1
CAPÍTULO 2	Vantagem competitiva	21
CAPÍTULO 3	A essência	41
CAPÍTULO 4	Hipercompetição e além	67
CAPÍTULO 5	Explorando oceanos azuis	81
CAPÍTULO 6	Estratégia em ação	105
CAPÍTULO 7	Onde a estratégia encontra a sociedade	125
CAPÍTULO 8	Onde a estratégia encontra o mundo	143

vi Sumário

Notas	173
Índice	177
Agradecimentos	183
Os autores	185
Thinkers50	187

Introdução

A estratégia se encontra na intersecção de dois importantes fenômenos: a profissionalização da gestão e o desejo mais do que humano de líderes e organizações de saberem para onde estão indo, e o que o futuro lhes reserva. Ao longo do último século, vimos a administração emergir como profissão. Empresas maiores, produzindo quantidades maiores necessitavam de uma nova classe de profissionais. A mão visível da administração era necessária para coordenar o fluxo de produtos para consumidores de forma mais eficiente do que a mão invisível de Adam Smith.

Desde o início desse processo, ficou claro que uma das atividades centrais do administrador era planejar. Esta ideia foi primeiramente apresentada pelo pensador francês Henri Fayol, no começo do século XX. "Administrar é prever e planejar, comandar, coordenar e controlar", foi como Fayol sucintamente resumiu essa questão.

Antecipação e planejamento acabaram incorporados à gestão estratégica, e a noção de estratégia permanece um dos ingredientes essenciais daquilo que gestores realmente fazem. Mesmo em momentos tumultuados, a estratégia é essencial para a administração. Se estamos em meio a uma selva competitiva, contar com uma estratégia nos ajuda a encontrar uma saída.

Neste livro, reunimos os mais importantes conceitos que definem nosso entendimento atual sobre estratégia, e introduzimos os pensadores com quem conversamos nos últimos 20 anos, os pensadores por trás desses conceitos, desde Henry Mintzberg até Rita McGrath, Richard D'Aveni e Roger Martin. O resultado é uma prova de que a estratégia está viva e bem, e de que o debate sobre seu futuro continua tão robusto quanto sempre foi.

Stuart Crainer e Des Dearlove
Fundadores do Thinkers50

CAPÍTULO 1

Como chegamos aqui

Todos no mundo dos negócios estão ansiosos – às vezes até desesperados – para encontrar uma vantagem, uma forma de superar seus rivais. É aí que entra a estratégia. Uma estratégia é um plano ou conjunto de ações que organizam as atividades de uma empresa a fim de alcançar seus objetivos. Desse modo, a estratégia leva em consideração os recursos da empresa e do ambiente externo em que opera. No caso de uma companhia, o objetivo estratégico é, primeiramente, alcançar uma vantagem competitiva; quanto mais longo for o prazo, melhor.

Para organizações e teóricos da estratégia, existem formas diferentes de estratégia. A estratégia corporativa está focada na estratégia geral da organização, seus negócios, e na direção que eles tomam, e pode ser expressamente articulada nas declarações de visão e missão. Embora a estratégia de negócios se concentre nas linhas de negócio ou unidades individuais de uma companhia, a gestão estratégica avalia suas forças e fraquezas, ameaças e oportunidades, bem como a criação e a implementação de estratégias que ligam as duas para o benefício da companhia.

Hoje, a estratégia sobrecarrega a mente de executivos (e governos) ao redor do mundo à medida que eles avaliam as forças direcionadas contra eles, posicionam suas empresas em mercados, reagrupam seus recursos, estimulam suas capacitações, nadam em oceanos vermelhos e azuis, e fazem o melhor possível para assegurar a sobrevivência no longo prazo. Na rápida economia global, existe uma gama impressionante de abordagens e formas de ver a estratégia, e o que faz uma empresa ser melhor do que a outra.

Costas Markides, o carismático professor da London Business School e um dos mais acessíveis pensadores sobre estratégia, tem a seguinte opinião:

> É consenso que toda empresa precisa de uma estratégia – implícita ou explícita. No entanto, não existe um consenso sobre o que estratégia realmente significa. Tanto no meio empresarial quanto no meio acadêmico, não é fácil identificar duas pessoas que compartilhem a mesma definição de "estratégia". Diferenças de opinião sobre o conteúdo e o processo de desenvolvimento de uma estratégia são discutidos veementemente. No entanto, esses debates deixam de ser relevantes quando percebemos dois pontos importantes. Primeiro, que a estratégia precisa ser abordada com uma série de perspectivas distintas. Segundo, em vez de adotar uma única perspectiva em detrimento de outras, boas estratégias precisam alcançar um equilíbrio preciso entre visões aparentemente divergentes.

Quais questões a alta administração deveria considerar enquanto pensa a respeito de uma nova estratégia, e como deveria pensar sobre ela? Apesar da aparente simplicidade, esta é uma das mais controversas questões do campo da gestão. Como acontece com a maioria dos debates, quando olhamos sob a superfície, os pontos aparentemente divergentes se mostram impressionantemente similares. Em vez de se basear em uma perspectiva em detrimento de todas as outras, boas estratégias englobam elementos de várias perspectivas e pontos de vista distintos.

Quando se trata de estratégia, descobri que existem três pontos problemáticos que geram controvérsia. Acredito que um pensamento estratégico sensato alcance um equilíbrio preciso entre os argumentos a respeito de: (1) o que constitui o conteúdo e o processo da estratégia, (2) estratégia como análise ou criatividade e (3) dinâmica da estratégia. A análise de cada uma dessas áreas ajudará a buscar esse equilíbrio preciso.

Por exemplo, considere as várias definições de estratégia por acadêmicos ao longo dos anos – como posicionamento de uma empresa dentro da sua indústria; como um conjunto de algumas regras simples; como agitação, tensão e alavancagem; como a personificação dos valores de uma empresa; e assim por diante. Fica fácil entender por que até mesmo a *The Economist* afirmou que "ninguém sabe realmente o que é estratégia".

Confusões como essa também existem em torno do processo de desenvolvimento de boas estratégias. Vamos primeiro considerar o debate sobre o conteúdo da estratégia. Além da retórica, podemos identificar duas escolas de pensamento que definem estratégia.

Uma visão mais "porteriana" (em referência ao trabalho de Michael Porter) de estratégia enfatiza o posicionamento de elementos. Essa escola entende a estratégia primordialmente como o posicionamento da empresa dentro do ambiente de sua indústria. É a mesma coisa que dizer que estratégia trata de escolher um bom jogo para jogar. A outra principal escola de pensamento considera posicionamento algo estático e obsoleto. Pensadores dessa escola nos incentivam a aceitar uma visão mais nova e dinâmica da estratégia, que enfatiza domínio sobre os concorrentes, independentemente do jogo que estiverem jogando. De acordo com esse pensamento, a estratégia está mais ligada à forma como se joga do que com o jogo propriamente dito.

Estratégia é estas duas coisas: a estratégia deve decidir qual jogo queremos jogar, e então determinar como jogá-lo bem. Da forma que é praticada hoje, a estratégia busca resolver os problemas já existentes no negócio, em vez de pensar em negócios futuros. A essência de uma boa estratégia é criar novos mercados, novos produtos e novas indústrias. Isso nos leva à ideia de que a estratégia deveria estar focada em competir pelas indústrias do futuro, em lugar de competir por participação de mercado nas indústrias hoje existentes. É difícil argumentar contra a necessidade de focar a atenção de uma organização na descoberta de novos mercados. Mas isso não deve vir às custas dos negócios atuais.

Assim, a questão chave para qualquer empresa não é se ela deveria tentar criar as indústrias do futuro, mas sim como cuidar dos negócios existentes, ao mesmo tempo que tenta criar as indústrias do futuro. Toda empresa deve também preparar-se para um futuro desconhecido, seja tentando criar este futuro, seja criando as condições que a permitam explorar tal futuro quando ele chegar[1]

Preocupações fundamentais similares foram expressas por Chris Zook, da Bain & Company, quando conversamos:

> É interessante. Recentemente olhei uma base de dados de 300.000 pesquisas com empregados de empresas situadas na Europa, e uma das perguntas feitas foi a seguinte: "Você tem alguma ideia de qual é a estratégia da empresa, suas prioridades, e o que a faz especial?". Em média, apenas dois de cada cinco funcionários afirmam ter alguma ideia a respeito. Se você tivesse uma banda marcial ou um time de futebol americano e apenas dois de cada cinco participantes soubessem a formação correta, isso seria um problema. No entanto, nas melhores empresas, 85% das pessoas afirmam realmente terem uma ideia do que o negócio representa. Em uma empresa como a Nike, que é automaticamente identificada com desempenho, ou a Tetra Pak, automaticamente identificada com embalagem, ter uma diferenciação simples, clara e poderosa costuma ser essencial.
>
> E frequentemente, por causa de pressões diárias e da própria vida, executivos e gestores acabam tendo seu tempo desperdiçado e consumido por imprevistos e crises diárias; e isso é ainda mais verdade hoje, com a rapidez com que o mundo está se transformando. Então, acredito que a essência disso

é que é muito difícil ser consciente das poucas coisas nas quais você realmente é excelente.[2]

Estratégia militar

Como Markides e Zook sugerem, a estratégia é uma parte multifacetada e às vezes confusa da vida de qualquer executivo. Antes de explorarmos as perspectivas contemporâneas sobre estratégia, vamos retroceder. A palavra *estratégia* deriva de *strategia*, o termo grego para a atividade do general, e seus estudos iniciais eram realizados por comandantes militares. Mesmo hoje, executivos e acadêmicos buscam referências no trabalho de estrategistas militares. É fácil perceber por que um mundo movido por uma economia de livre mercado, predominantemente capitalista, tem promovido uma mentalidade de vencer a qualquer custo, derrotar seus rivais e emergir vitorioso.

Planejamentos estratégicos são formulados por meio de noções bélicas. Eles aconselham empresas a aproveitarem as vantagens competitivas, batalharem por segmentos de mercado e lutarem por diferenciação. O problema é que se o exército inimigo está fazendo exatamente a mesma coisa, essas estratégias em geral anulam uma a outra ou desencadeiam uma retaliação imediata. Estratégia rapidamente se reverte em oportunismo tático. Como o marechal alemão Helmuth Carl Bernard von Moltke observou, "Nenhum plano de batalha jamais sobrevive ao contato com o inimigo".[3]

Provavelmente a obra mais celebrada de um estrategista militar seja *A Arte da Guerra*, de Sun Tzu, escrita várias centenas de anos antes de Cristo e 2.500 anos antes dos executivos começarem a contratar consultores de estratégia. O título real do livro é *Sun Tzu Ping Fa*, que pode ser traduzido literalmente como *O Método Militar do Venerável sr. Sun*. Principal integrante das listas de *bestsellers* de negócios, *A Arte da Guerra* é um banquete incisivo de aforismos sobre estratégia e táticas. "Distribua as forças para defender os pontos estratégicos; exerça vigilância na preparação, não seja indolente", escreve Sun Tzu. "Investigue profundamente a verdadeira situação, espere secretamente que eles abandonem a vigilância. Espere até que eles saiam das suas fortalezas e depois tome o que eles amam".[4] É leitura obrigatória para qualquer consultor de fusões e aquisições.

Não significa que *A Arte da Guerra* seja apenas sobre força bruta. Há esperteza também. "Quando estiver próximo do inimigo, mostre-se distante. Quando estiver longe, finja estar perto", aconselha Sun Tzu. "A excelência suprema consiste em vencer o inimigo sem ser preciso lutar. O militar de espírito superior faz malograr as maquinações inimigas; a segunda melhor coisa a fazer é minar suas alianças; em seguida, atacar suas forças armadas; o pior de tudo é sitiar suas cidades".[5]

A autoria de *A Arte da Guerra* permanece incerta. Uma teoria é que o autor seria Sun Wu, um general que viveu por volta de 500 aC. O livro teria levado a um encontro entre Sun Wu e seu monarca, o Rei Ho-lü, de Wu. Sun Wu, incapaz de encontrar um *flipchart*, aparentemente defendeu suas convicções sobre disciplina militar decapitando duas concubinas do rei. Hoje, os consultores de estratégia utilizam métodos menos violentos, mas ainda conseguem a atenção das cúpulas administrativas, tão reverenciado é o campo da estratégia e das pessoas que podem prover ideias vantajosas. Para muitos no mundo dos negócios, o desenvolvimento de estratégias permanece no topo dos empreendimentos corporativos.

Exercício militar

Ao lado da obra-prima de Sun Tzu, os leitores aficionados pela seção de estratégia provavelmente irão encontrar vários outros livros de cunho militar, como: *Strategy* (1967), de B.H. Liddell--Hart; *A Book of Five Rings* (1974), de Miyamoto Mushashi; e *O Príncipe*, de Nicolau Maquiavel (1469-1527) – obra-prima renascentista de astúcia, intriga e oportunismo brutal. Maquiavel, um diplomata florentino, certamente compreendia os riscos de ser o primeiro a fazer um movimento de mercado, por exemplo.

"Deve-se observar aqui que coisa mais difícil não há, nem de mais duvidoso êxito, nem mais perigosa, do que o estabelecimento de leis novas",[6] afirmava ele.

Foi outro soldado, Carl von Clausewitz (1780-1831), quem enfatizou a diferença entre estratégia (o plano geral) e tática (o planejamento de uma parte específica do plano geral, como uma batalha). Von Clausewitz também introduziu a ideia de objetivos estratégicos globais, que ele denominou "grande estratégia". O debate sobre o que constitui tática ou estratégia permanece até hoje.

Von Clausewitz foi um general prussiano que lutou nas Guerras Napoleônicas, incluindo Waterloo, tornando-se em seguida diretor da Escola de Guerra da Prússia em 1818. Seu livro *On War* ficou inacabado e foi publicado postumamente em 1831. Nele, Von Clausewitz estava começando a compreender a importância de realizar comparações entre os negócios e a guerra. "Em vez de compará-la [guerra] a uma arte, deveríamos compará-la com maior precisão ao comércio, que também é um conflito de interesses e de atividades humanas e que está ainda mais próximo da política que, por sua vez, pode ser considerada uma espécie de comércio em maior escala", escreveu em *On War*.[7]

O nascimento da gestão estratégica

Avance aproximadamente 150 anos e chegaremos à década de 1960, quando os gestores descobriram a estratégia e, sob o prisma da gestão estratégica, identificaram-na como um subgrupo da administração. "Ocorreu-me que se observarmos a estratégia como um constructo intelectual, uma estrutura, um conjunto de ideias, ela realmente não existia de maneira formal muito antes dos anos 1960", observa Walter Kiechel em *The Lords of Strategy: The Secret History of the New Corporate World*.[8] Em termos de iniciativa intelectual, Peter Drucker afirma ter chegado primeiro. Drucker notou, de maneira pouco modesta, que seu livro *Managing for Results*, publicado em 1964, foi o "primeiro livro de todos os tempos sobre o que chamamos hoje de estratégia". Drucker ganhou fama por ter sido o primeiro em vários aspectos intelectuais, mas na realidade seu livro foi precedido por *Strategy and Structure*, do historiador Alfred Chandler, publicado em 1962 – e, segundo Henry Mintzberg afirma em seu livro *The Rise and Fall of Strategic Planning* – também por um artigo de 1962, publicado na *Harvard Business Review*, chamado "The Anatomy of Corporate Planning".

Chandler (1918-2007) via a estratégia como "a determinação de objetivos e metas de longo prazo de um empreendimento, e a adoção de cursos de ação e a alocação dos recursos necessários para se atingir esses objetivos". A visão de Chandler, muito criticada posteriormente, era de que a estratégia precedia a estrutura. Desenvolva a sua estratégia e então construa a estrutura organizacional apropriada para atingir essa estratégia.

Contribuições futuras à comunidade da estratégia sugerem que o processo estratégico é mais nebuloso do que Chandler descreveu. Na visão de Chandler, empresas criariam estratégias infalíveis e depois fabricariam estruturas e mapas organizacionais para acomodá-las. Um olhar mais próximo da realidade corporativa sugere que estratégia e estrutura combinam-se de maneira mais casual. Mesmo assim, Chandler deve ser creditado por apontar para a importância da relação entre estratégia e estrutura.

Na época, enquanto o resto do mundo estava descobrindo Jimi Hendrix, os Beatles, o amor livre e as drogas alucinógenas, gestores estavam lutando pelos próximos desenvolvimentos no campo da estratégia – particularmente no livro *Corporate Strategy*, escrito por Igor Ansoff (1918-2002) e publicado em 1965.

Quando entrevistamos Ansoff no final dos anos 1980, ele contou histórias coloridas sobre seu nascimento em Vladivostok, de uma mãe "400%" russa e um pai diplomata americano, e como a mudança em sua carreira de executivo para acadêmico fora resultado de um período de contemplação durante o qual deixou crescer a barba e consumiu diversas garrafas de uísque. Suas teorias eram menos coloridas, mas altamente influentes.

Ansoff, engenheiro e matemático por formação, trabalhou para a RAND Corporation após sair da universidade e depois para a Lockheed Corporation. Abandonando a indústria em 1963, ele ingressou na Carnegie Mellon's Graduate School of Business Administration e, em seguida, passou a lecionar em diversas universidades. Foram suas experiências na Lockheed que inspiraram seu primeiro livro, no qual examinou as implicações do que tinha aprendido lá, especialmente que havia "um método prático para a tomada de decisões estratégicas dentro de uma corporação" o qual podia ser aplicado por outros gestores em suas próprias organizações.

O mundo, dizia Ansoff, tinha dificuldades para lidar com impiedosas mudanças (e continua tendo até hoje). Os gestores estavam enfrentando uma "profusão de tecnologia, o dinamismo das mudanças nas estruturas de mercado e a saturação

Como chegamos aqui 11

da demanda em vários setores da indústria norte-americana".

Diante dessas mudanças implacáveis, muitas empresas precisavam "vigiar continuamente o ambiente do mercado de produtos" buscando novas oportunidades, já que nenhuma empresa podia "considerar-se imune às ameaças da obsolescência do produto nem da saturação da demanda".

O que os gestores precisavam fazer, pontuou Ansoff, era mais análises. Ele sugeriu que haviam quatro diferentes – embora padronizados – tipos de decisões: decisões estratégicas, políticas, de programas e de procedimentos operacionais padronizados. Entre estas, as decisões estratégicas eram as que exigiam mais energia e atenção dos gestores. "O resultado final das decisões estratégicas é bastante simples: uma combinação de produtos e mercados é selecionada pela empresa, que chega nessa combinação acrescentando novos mercados de produto, alienando alguns dos antigos, e expandindo a posição atual", afirmou Ansoff.[9]

Gestão estratégica era "a parte da gestão que garantia o futuro da empresa assegurando negócios em mercados com potencial para atingir seus objetivos; oferecendo os produtos e serviços desejados por esses mercados; e oferecendo com vantagem competitiva".[10]

Para auxiliar no processo de tomada de decisão estratégica, Ansoff apresentou o Modelo Ansoff de planejamento estratégico, focado na expansão corporativa e na diversificação em vez de no planejamento estratégico padrão. Era também altamente focado em análise, e uma crítica comum a essa abordagem extremamente analítica do planejamento estratégico era a de que ele levava à "paralisia por análise": tanto tempo era gasto na análise dos dados que originavam o planejamento que os projetos raramente eram implementados.

A associação de Ansoff à paralisia por análise é lastimável. Na realidade, em resposta a isso ele procurou desenvolver uma teoria mais ampla de gestão estratégica. Essas ideias estavam enraizadas na importância do ambiente e na crença de que uma empresa precisa responder adequadamente ao ambiente no qual opera. "Para maximizar o retorno sobre investimento, a agressividade das estratégias da empresa e a capacidade de resposta de seus gestores devem estar adequadas às turbulências do ambiente.", disse Ansoff.[11] Ao menos tem sido esse o cenário no século XXI.

Não há uma fórmula universal para o sucesso de todas as empresas, afirmou Ansoff. O nível de turbulência do ambiente determina a estratégia a ser empregada para que se obtenha êxito. O grau de agressividade da estratégia depende do nível de turbulência; ambos devem estar alinhados. Do mesmo modo, a capacidade gerencial da empresa deve estar alinhada com o ambiente. Finalmente, Ansoff indicou que as principais variáveis de capacitação interna que determinam o sucesso da empresa são cognitivas, psicológicas, sociológicas, políticas e antropológicas.

Quando questionamos Ansoff sobre sua contribuição, ele respondeu o seguinte:

> Em primeiro lugar, eu gostaria de ser reconhecido como um dos primeiros a abordar de forma multidisciplinar tanto a teoria exploratória quanto as ferramentas práticas que auxiliam no sucesso das organizações que atendem ao ambiente quando eles são turbulentos.
>
> Em seguida, eu gostaria de ser reconhecido como um dos primeiros a oferecer prova científica de que a era das receitas universais (como "permaneça com sua malha de estratégias" ou "retorne ao básico") acabou; de que a solução depende das características do ambiente em que a empresa se encontra; de que cada organização precisa diagnosticar seu ambiente futuro e então elaborar suas próprias

soluções; e de que eu contribuí na criação de ferramentas práticas para adequar uma empresa ao seu ambiente.

As pessoas mais espertas na sala

No início do desenvolvimento da teoria de gestão estratégica, as empresas de consultoria desempenhavam um papel importante. Embora as teorias sobre estratégia variem amplamente, a maior parte delas possui pelo menos uma coisa em comum: a utilização de um diagrama ou modelo, que geralmente é a onipresente matriz. Mesmo antes da década de 1960, modelos eram o brinquedo favorito dos economistas. Na década de 1960, uma empresa de consultoria em gestão popularizou o uso de modelos para gestão estratégica.

O australiano Bruce Henderson (1915-1992) era um engenheiro que finalmente tinha encontrado uma maneira de ingressar no departamento de planejamento estratégico da General Electric. Em *The Lords of Strategy*, Walter Kiechel descreve Henderson como "extraordinário, incrivelmente difícil, mas, ao mesmo tempo, um sujeito criativo e fascinante".[12] Depois de sair da GE, Henderson ingressou na consultoria em gestão Arthur D. Little um pouco antes de montar sua própria consultoria, a Boston Consulting Group (BCG).

Uma das primeiras, talvez até a primeira consultoria especializada puramente em estratégia, a BCG, logo se estabeleceu. Um de seus primeiros modelos estratégicos foi a curva de experiência. A origem do modelo remonta à ideia da curva de aprendizado associada a empresa Curtiss Aircraft, da década de 1920. Henderson modificou a ideia e a expandiu para o campo da estratégia, em vez da produção. Ele cunhou o termo *curva de experiência*, no qual descreveu a relação entre custos unitários, produção acumulada e experiência. Enquanto a produção acumulada aumenta, os custos de produtividade diminuem. Por quê? Porque quanto mais os trabalhadores repetirem os processos, melhores serão em seus trabalhos, a organização ficará mais eficiente e, mais rapidamente, a empresa obterá vantagem competitiva.

O conceito surgiu de observações das taxas de crescimento na indústria de semicondutores nos anos 1960. Utilizando os dados de preços da Electronic Industries Association, os pesquisadores detectaram dois padrões. Primeiro, os preços permaneciam constantes por longos períodos antes de caírem abruptamente por um longo período; em seguida, os preços diminuíam a uma taxa constante de 25% sempre que a experiência acumulada dobrava. Isso foi chamado de curva de experiência.

A BCG desenvolveu um kit de ferramentas de conceitos estratégicos que incluíam crescimento sustentável, competição cronológica, marketing de segmento personalizado, estratégia baseada em valor e valor total para o acionista. O modelo pelo qual a consultoria é mais conhecida, no entanto, é a Matriz BCG, que mede o crescimento e a participação relativa no mercado de todos os negócios de uma empresa, facilitando a identificação do que vale a pena investir e do que provavelmente seja apenas perda de tempo e dinheiro.

Quando mapeado em uma matriz dois por dois, que mede participação de mercado e taxa de crescimento, o portfólio de negócios da empresa pode ser dividido em quatro tipos. Eles podem ser vacas leiteiras (*cash cows*), geradores de caixa seguros, firmes e altamente lucrativos que precisam de ordenhas frequentes; abacaxis (*dogs*), com pequena participação de mercado e fraco crescimento, provavelmente necessitando de realocação; estrelas (*stars*), negócios estratosféricos, com alto crescimento e grande participação de mercado; e os arriscados crianças-problema (*question marks* ou *wildcards*), em que a taxa de crescimento é grande, mas a participação de mercado é pequena.

Em uma perspectiva de negócios, a Matriz BCG era um grande modelo: acessível, simples e útil. Mas era também limitada, reduzindo o competitivo mercado empresarial a duas medidas de sucesso – crescimento e lucratividade – uma visão que permaneceu por décadas e que, de certa forma, ainda continua. Ela fomentava a preocupação com a participação de mercado.

Mas, por trás de um inteligente modelo de estratégia, havia um genial modelo de negócios. Bruce Henderson montou um modelo de consultoria altamente competitivo e munido dos melhores cérebros do mundo. Um de seus recrutas foi Peter Lampl, hoje Sir Peter, fundador da Sutton Trust. "Quando ingressei na BCG, ela era a melhor empresa de consultoria em gestão do mundo. Eu fui o primeiro na BCG de Boston que tinha vindo diretamente de uma escola européia de negócios. E fui tratado com desdém! Havia um sistema total de livre mercado. Ao ingressar na BCG, em 1973, eu não conhecia ninguém, e as primeiras palavras foram 'Aqui está a sua mesa'. Então disse 'Bem, e o que devo fazer agora?'. Disseram-me que eu deveria buscar trabalho, conversar com executivos e vice-presidentes e conseguir que eles me contratassem. Tive um início bem difícil", disse Lampl. "A única medida de desempenho na BCG era o faturamento; quantas horas eram cobradas dos clientes a cada semana. Isso era só o que importava. Bruce Henderson tinha um quadro no escritório no qual o faturamento mensal de cada colaborador era listado, assim como o faturamento anual movimentado, para que você pudesse ver mensalmente como as pessoas estavam se saindo. Se alguém estivesse em declínio no faturamento, desaparecia. Simplismente, não aparecia mais. Havia grande rotatividade, e levei dois anos e meio para me acostumar. Bruce acreditava na sobrevivência do mais forte. Era insano, mas incrivelmente instigante. Naquela época, a BCG estava na liderança. Estávamos desenvolvendo estratégias de portfólio, a curva de

16 Estratégia

experiência, e assim por diante. Possuíamos algumas tarefas maravilhosas".

Outras empresas de consultoria também estavam buscando modelos de estratégia persuasivos. McKinsey já tinha seus fatores críticos de sucesso, e o início dos anos 1960 deu origem às escolas de pensamento de estratégias baseadas em recursos e de competência essencial, que iriam emergir na década de 1980. Então, trabalhando com a GE, desenvolveu a famosa Matriz GE / McKinsey. As empresas eram pontuadas em duas dimensões, uma composta de nove medidas de atratividade do mercado, e a outra composta por doze medidas de força competitiva do negócio.

A nova era da estratégia

Por enquanto, tudo analítico. Esses primeiros passos no campo da estratégia pavimentaram o caminho para a explosão de interesse que se seguiu. Com as empresas cientes de que era possível atingir as antes impensáveis vantagens competitivas de longo prazo sobre suas rivais, elas se tornaram ávidas consumidoras da enxurrada de material sobre gestão estratégica que emergiu nas décadas seguintes.

O próximo grande avanço foi conduzido por Michael Porter (ver Capítulo 2), da Harvard Business School, que traduziu uma estrutura econômica industrial para um contexto de estratégia de negócios. Porter valorizava muito a seriedade e a racionalidade. "Seu trabalho é tão acadêmico, de forma quase prejudicial", observou a *The Economist*. "A chance de o Sr. Porter produzir um sucesso de vendas cheio de anedotas e frases de efeito é a mesma dele realizar uma palestra usando sutiã e meia-calça".[13] E ainda é.

Amplamente pesquisado e categoricamente lógico, Porter vinculou sucesso ao posicionamento de mercado. Ele dividiu o ambiente competitivo em cinco forças às quais as empresas devem estar atentas, e fez algumas considerações sobre como as empresas podem utilizar sua avaliação para adotarem uma estratégia que assegure maior vantagem comercial. Porter também introduziu a noção de cadeia de valor, um conceito de negócio muito comum nos dias de hoje.

A abordagem de Porter sobre estratégia era decisivamente analítica, fundada em dados e obtenção de informações. Na obra de Porter, as pessoas são normalmente notórias por sua ausência. Ainda assim, Porter dominou o cenário das teorias estratégicas durante a década de 1980, e apenas no final dos anos 1980, e início dos 1990, uma grande escola de pensamento nova começou a engrenar: a visão de estratégia baseada em recursos.

Houve um vislumbre da abordagem baseada em recursos no trabalho dos economistas Edith Penrose e Birger Wernerfelt. No entanto, foram necessários dois acadêmicos de administração, C.K. Prahalad e Gary Hamel, para formular e popularizar a visão de estratégia baseada em recursos para um maior público corporativo. O posicionamento estratégico era inadequado, argumentavam Prahalad e Hamel. A vantagem competitiva vinha de dentro, e não de uma análise detalhada de mercados e das manobras subsequentes baseadas nessa análise. O que era realmente importante, diziam eles, eram as competências essenciais da empresa. Toda empresa tem competências essenciais. Era apenas uma questão de descobrir exatamente onde elas estavam e então desenvolvê-las e utilizá-las da melhor maneira.

Se o trabalho de Porter foi um acréscimo, ainda que com mudanças significativas ao panorama estático do planejamento estratégico, a defesa das competências essenciais realizada por Prahalad e Hamel foi um grande avanço. O desafio imposto ao posicionamento estratégico e o paradigma dos dados e análises tornaram o campo da estratégia mais atrativo aos pensadores inovadores. Não que os dados e as análises tenham desaparecido. Longe disso, a prova é o interesse recente no poder dos grandes dados. É mais correto afirmar que os dados e as análises são as ferramentas dos estrategistas, e não a finalidade deles.

O que seguiu foi um grande aumento tanto de consultores quanto de acadêmicos das teorias e ferramentas estratégicas. O trabalho de teóricos até então conhecidos ganhou maior reconhecimento, e novos nomes apareceram. Richard D'Aveni desenvolveu estratégias apropriadas para um mundo de mudanças rápidas e hipercompetição (ver Capítulo 4). Henry Mintzberg especulou sobre o próprio processo estratégico e como a estratégia é formada (ver Capítulo 6). W. Chan Kim e Renée Mauborgne ponderaram os desafios enfrentados pelas corporações navegando naquilo que descreveram como oceanos vermelhos, e mostraram como elas podem mudar de rumo em direção aos mais temperados oceanos azuis (ver Capítulo 5). Recentemente temos visto Rita McGrath, de maneira convincente, anunciando a morte da vantagem competitiva (ver Capítulo 2), e Chris Zook recontando os desafios para empresas que se arriscam além de sua essência (ver Capítulo 3).

Pensadores têm direcionado suas mentes no sentido de encontrar a melhor maneira de implementar estratégias e colocá-las em prática. Roger Martin e A.G. Lafley, CEO da P&G, exploram a estratégia em ação no seu livro *Playing to Win* (ver Capítulo 6) e o guru da estratégia Richard Rumelt pondera os altos e baixos da prática estratégica em seu livro *Good Strategy/ Bad Strategy*.

A estratégia tem se desgarrado do caminho corporativo. Cada vez mais, a política influencia a vida dos líderes empresariais. Pensadores da estratégia como David Baron e David Bach exploraram os meandros das estratégias de não mercado, analisando seu impacto no sucesso das organizações, ao atingirem seus objetivos (ver Capítulo 7).

Por fim, a estratégia retorna às suas antigas raízes, sendo analisada no contexto dos governos e nações. Desta vez, no entanto, o conceito de estratégia é aplicado à luta por poder econômico e prosperidade, em vez de conflito militar. Assim, Porter, Hamel, D'Aveni, Pankaj, Ghemawat e outros abordam a estratégia competitiva das nações e de seus sistemas políticos e econômicos. O mundo é estratégico.

Quais as implicações disso para os gestores? Não está muito claro. De fato, a estratégia corporativa está enfrentando outra de suas periódicas crises de confiança.

Como Rita McGrath, professora da Universidade de Columbia, adverte: "A estratégia está encontrando dificuldades tanto na teoria como no mundo real. O que vemos é uma pequena brecha. As cincos forças de Porter, a Matriz BCG, a análise SWOT (Pontos fortes, Pontos fracos, Oportunidades e Ameaças), vários desses conceitos surgiram em uma era em que a competição era bem menos acirrada, e são grandes ferramentas para o contexto no qual foram desenvolvidos. Se tivermos uma estrutura industrial estável e coisas que podemos realmente medir, eles ainda funcionam. Mas hoje estamos vendo indústrias competindo com indústrias, diferentes arenas onde a competição se manifesta. Estratégia, empreendedorismo e inovação estão todos se misturando".

E, à medida que eles se misturam, estamos testemunhando o surgimento de novas ideias e modelos de estratégia.

CAPÍTULO 2

Vantagem competitiva

O que faz algumas empresas terem sucesso, enquanto outras aparentemente similares falham? Como se alcança sucesso no longo prazo? Na década de 1970, perguntas desse tipo incomodavam os executivos, no entanto, ninguém parecia ter uma resposta convincente ou definitiva. No passado, inovação tecnológica (domínio da produção em massa, por exemplo), ciência de gestão, liderança exemplar e remodelação das estruturas organizacionais concediam uma vantagem temporária às empresas. Contudo, não havia nenhuma decodificação sistemática das estratégias que garantiam o sucesso competitivo.

Na década de 1960, os estrategistas eram predominantemente planejadores, buscando mapear rotas que levassem a um futuro próspero, muitas vezes vários anos à frente. Igor

Ansoff e outros poucos acadêmicos, junto com a indústria emergente de consultoria em gestão, apontavam um papel diferente para o estrategista. Mas foi preciso um professor da Harvard Business School, usando informações de pesquisas, análises detalhadas e aplicando lógica forense ao seu objeto de pesquisa para mudar o modo como as empresas viam (e ainda veem) a estratégia. Se aplicada de maneira correta, a estratégia pode fornecer uma estrutura para compreender o universo em que as organizações competem, a fim de moldar um futuro de sucesso.

Esse professor era Michael Porter. Nenhuma outra pessoa teve um impacto maior na estratégia moderna de negócios do que Porter. Sua influência é tão forte que mesmo tendo passado 40 anos da publicação de sua teoria das *cinco forças*, todos os demais teóricos ainda posicionam seus trabalhos em relação ao dele. Ele é, na verdade, o ponto de partida e o referencial, em termos de estratégia.

Porter sempre foi talentoso e intelectualmente persuasivo. Nasceu em Ann Arbor, Michigan, em 1947. Filho de um oficial do exército, passou grande parte de sua juventude em mudanças ao redor do mundo, por causa das várias transferências de seu pai (mais tarde, Porter iria servir na Reserva do Exército dos Estados Unidos, chegando ao posto de capitão). Porter não só se destacou academicamente, como também nos esportes. Seu primeiro diploma foi em engenharia aeroespacial e mecânica pela universidade de Princeton. Fez parte da seleção estadual de futebol americano e de beisebol quando ainda estava no colégio; na universidade, jogou golfe em ligas interuniversitárias; e foi nomeado para a seleção de golfe da NCAA, em 1968.

Ele poderia ter escolhido o golfe profissional como carreira, mas optou por continuar seus estudos acadêmicos. Porter completou o MBA em 1971 e o doutorado em economia empresarial em 1973, em Harvard, tendo como orientador o economista Richard Caves, conhecido por seu trabalho em empreendedorismo criativo. Porter tornou-se um dos mais jovens professores adjuntos de Harvard ao integrar o quadro de funcionários com apenas 26 anos.

Sinta a força

Não demorou muito para Porter deixar sua marca. Em 1979, seu artigo "How Competitive Forces Shape Strategy" apareceu na *Harvard Business Review*; a ideia do artigo foi então desenvolvida em seu livro de 1980, *Competitive Strategy: Techniques for Analyzing Industries and Competitors*.

A sincronia foi perfeita. Durante os anos 1970, empresas japonesas ameaçavam o domínio das corporações norte-americanas, fazendo incursões nas fatias de mercado de empresas dos Estados Unidos em diversas indústrias. A resposta inicial para o sucesso das empresas japonesas foi negação e descrença; argumentava-se que o sucesso japonês era devido aos baixos custos, especialmente os de mão de obra. Entretanto, logo ficou aparente que havia outras forças fundamentais em ação.

Em *Competitive Strategy* e novamente em *Competitive Advantage* – seu próximo livro, publicado em 1985 –, Porter introduziu três conceitos conectados e fundamentais que sustentavam suas ideias a respeito de competição e vantagem competitiva. Ele usou substancialmente o termo *estratégia competitiva* para referir-se à criação de uma vantagem competitiva em cada um dos vários negócios em que uma empresa diversificada poderia vir a competir. Estratégia corporativa refere-se aos tipos de negócios nos quais uma empresa deveria investir, e como esses diferentes negócios deveriam ser geridos.

Esses conceitos formaram a base da abordagem de posicionamento competitivo para a estratégia. A estratégia estava interessada em obter a posição mais vantajosa para um negócio em comparação aos negócios rivais. "A essência da formulação da estratégia competitiva é ligar a empresa a seu meio", Porter escreveu. Essa abordagem focada e disciplinada dominou o pensamento estratégico dos anos 1980.

A primeira das ideias centrais de Porter, ainda ensinada em escolas de administração ao redor do mundo, veio da microeconomia, particularmente de um recorte da economia industrial conhecido como o paradigma estrutura-conduta-desempenho (SCP – structure-conduct-performance). Porter traduziu esse recorte para o contexto da estratégia de negócios, e criou o modelo de estratégia pelo qual ficou conhecido: as cinco forças.

Em *Competitive Strategy*, Porter escreveu: "Em qualquer indústria, seja ela doméstica ou internacional, ofereça ela produtos ou serviços, as regras da competição estão contidas em cinco forças competitivas".[1] Essas cinco forças competitivas são as seguintes:

1. **Entrada de novos concorrentes.** Novos concorrentes demandam uma resposta competitiva que irá, inevitavelmente, utilizar um pouco dos seus recursos, reduzindo a lucratividade. Barreiras de entrada incluem economia de escala, diferenciação de produto, políticas do governo e acesso a canais de distribuição.
2. **Ameaça de substitutos.** Se existem no mercado alternativas viáveis ao seu produto ou serviço, o preço que você poderá cobrar estará limitado.
3. **Poder de barganha dos compradores.** Se os consumidores tiverem poder de barganha, eles o usarão. Isso reduzirá a margem de lucro e, como resultado, afetará a rentabilidade. Uma série de fatores afetam o poder

de negociação dos compradores, incluindo grau de padronização, ameaça de integração para trás, níveis de custos e de custos de mudança.
4. **Poder de barganha dos fornecedores.** Se tiverem poder sobre você, os fornecedores aumentarão seus preços e, consequentemente, afetarão sua rentabilidade.
5. **Rivalidade entre os concorrentes.** Competição leva à necessidade de se investir em marketing, pesquisa e desenvolvimento (P&D) ou à redução de preços, o que diminuirá seus lucros. Alguns dos fatores que afetam essa rivalidade são os tipos de concorrentes, a natureza das barreiras de saída, o nível de diferenciação e a quantidade mínima de investimento.

As cinco forças proporcionaram um modelo que as empresas podiam utilizar para compreender melhor sua indústria e sua posição competitiva dentro dessa indústria. Como Porter observou: "A potência coletiva dessas cinco forças competitivas determina a habilidade das empresas dentro de uma indústria de ganhar, em média, taxas de retorno de investimento além do custo do capital. A pressão das cinco forças varia de indústria para indústria, e pode mudar à medida que uma indústria evolui".[2]

A compreensão dessas cinco forças que moldam a competição industrial logo foi considerada o ponto inicial para todos aqueles envolvidos na formulação de estratégias. Mas o que fazer?

Em seu artigo original na *Harvard Business Review*, Porter identificou três cursos de ação possíveis. Executivos podem posicionar a empresa de maneira que ela esteja melhor equipada para defender-se das forças competitivas, usando suas competências. Como Porter observou: "Uma estratégia competitiva eficiente usa ações ofensivas ou defensivas buscando criar uma posição defensável contra as cinco forças competitivas".[3]

Como alternativa, é possível influenciar o balanço das forças por meio de movimentos estratégicos, e assim melhorar a posição da companhia. Ou as empresas podem antecipar mudanças nos fatores que fundamentam as forças, e então escolher uma estratégia apropriada para o novo balanço de forças, a fim de ganhar vantagem competitiva antes que os rivais consigam responder.

Em *Competitive Strategy*, Porter também introduziu o conceito de estratégias genéricas. Estas eram posições estratégicas genéricas que as empresas precisavam adotar: "abordagens viáveis para lidar com as forças competitivas", como afirmou.[4]

A primeira era a *diferenciação*: competir em termos de valor agregado para os consumidores (como qualidade, serviço ou características únicas), de modo que esses clientes paguem mais caro para cobrir os custos elevados.

A segunda era a *liderança baseada em custos*: oferecer produtos ou serviços com o menor custo. Isso permite à empresa competir por preços quando for necessário, e quando não for, ter altos níveis de lucros sustentáveis. Qualidade e serviço não deixam de ser importantes, mas a redução de custos oferece foco para a organização. Liderança baseada em custos exige investimento em tecnologia de produção e uma equipe talentosa.

A terceira estratégia genérica diz respeito ao *foco* e aos segmentos para onde a diferenciação ou a liderança baseada em custos serão direcionadas. "Às vezes, uma empresa pode ter sucesso com mais de uma abordagem como foco, embora isso raramente seja possível", disse Porter. "Implementar efetivamente qualquer uma dessas estratégias genéricas requer comprometimento total, e os arranjos organizacionais acabam enfraquecidos se existe mais de um objetivo."

Se uma empresa não consegue focar-se em alguma dessas estratégias genéricas, ela provavelmente encontrará problemas, afirmou Porter. "A empresa que não desenvolve sua estratégia em ao menos uma das três direções – aquela que fica estagnada – encontra-se em uma situação estratégica extremamente precária", Porter escreveu. "Falta para a empresa a participação de mercado; o investimento de capital; o ímpeto para entrar no jogo dos custos baixos; a diferenciação necessária na indústria para evitar a necessidade de uma posição de baixo custo; ou o foco para gerar diferenciação ou custos baixos em uma esfera mais limitada."

"A empresa que fica estagnada terá uma baixa lucratividade quase garantida. Ou ela perde os clientes que compram em larga escala e exigem preços baixos, ou deve abrir mão do seu lucro para afastar esses clientes de outras empresas com custo baixo. Ela também perde negócios com altas margens – a nata – para empresas que estão focadas em alvos de altas margens ou que alcançaram um grande padrão de diferenciação. A empresa estagnada também sofre de uma cultura corporativa confusa e de um conjunto conflitante de arranjos organizacionais e sistemas de motivação".[5]

A cadeia de valor

O terceiro elemento do triunvirato estratégico de Porter é a cadeia de valor. "Cada empresa é um conjunto de atividades realizadas com o objetivo de desenhar, produzir, comercializar, entregar e dar suporte aos seus produtos", observa Porter.

Para Porter, a vantagem competitiva está ligada ao modo como a empresa organiza suas atividades. Ele usa uma abordagem baseada em sistemas para dissecar a análise das atividades de uma empresa e o modo como ela usa suas atividades para criar valor. O valor, disse Porter, é criado quando uma empresa utiliza os recursos à sua disposição para transformar insumos em produtos que os consumidores possam adquirir.

As pessoas escolhem ir a restaurantes por uma série de motivos. Elas poderiam comprar os ingredientes e cozinhar em casa. Um restaurante, no entanto, cria valor pegando esses insumos, como os ingredientes crus, e usando seus recursos, como o *chef*, para criar um produto, a refeição que o cliente consome. Esse processo cria valor para o negócio pelo modo como a empresa conduz e organiza suas atividades. Os consumidores compram valor comparando produtos e serviços de diversas empresas rivais.

Porter divide as atividades de valor em duas categorias: as atividades primárias, que agregam valor diretamente. Essas atividades incluem a logística de entrada e saída (armazenamento e distribuição das entradas de produtos ou serviços, bem como armazenamento e distribuição dos produtos e serviços finais); as operações (transformação das entradas nos produtos ou serviços finais); marketing e vendas; e o serviço (reforçar e manter o valor do produto). E as atividades de suporte – aquisições, desenvolvimento de tecnologias, gestão de recursos humanos e infraestrutura –, as quais agregam valor indiretamente.

Juntas, estas três ideias fornecem o arsenal estratégico perfeito para a gestão. As empresas usam a análise das cinco forças para avaliar o potencial de rentabilidade de uma indústria e sua posição competitiva dentro dessa indústria, a fim de calcular a probabilidade de novos entrantes e produtos substitutos; o poder dos consumidores e fornecedores; e a ameaça de novos concorrentes.

Após terminada a análise das cinco forças, as organizações podem escolher uma das duas principais estratégias genéricas de Porter. Elas podem optar pela estratégia de diferenciação, com o objetivo de cobrar dos consumidores um preço mais alto por acreditarem que eles percebem esse serviço ou produto específico como suficientemente superior aos outros. Ou podem optar por uma estratégia de baixo custo, e oferecerem os preços mais baixos do mercado.

Por fim, é necessário certificar-se de que a cadeia de valor – isto é, todas as atividades que contribuem para o valor final dos produtos e serviços – está de acordo com a estratégia genérica da empresa.

O grande debate

As ideias de Porter sobre posicionamento estratégico tornaram-se o método de estratégia em voga nos anos 1980 e foram adotadas por diversas corporações grandes e pequenas. Elas ofereciam o atrativo de serem mais dinâmicas e pró-ativas do que o planejamento estratégico, além da garantia reconfortante de estarem sustentadas por pilhas de dados e análises profundas sobre o ambiente competitivo.

O modelo de Porter é, provavelmente, um dos mais ensinados na história dos negócios. Até hoje é considerado fundamental em qualquer programa de MBA. Gerações de estudantes absorveram seus ensinamentos. Mas, à medida que o tempo passou, a desconfiança de que o posicionamento estratégico não oferecia uma visão geral de estratégia, nem era o protótipo para o domínio competitivo que tantos executivos almejavam foi aumentando. Com o foco nos mercados, a contribuição de fatores internos, tais como o conhecimento atribuído aos funcionários, os relacionamentos internos e muitos outros aspectos da vida organizacional que contribuem para o sucesso competitivo não eram levados em consideração.

Entre os mais perspicazes críticos de Porter está Richard D'Aveni (ver Capítulo 4). Nós perguntamos a D'Aveni sobre a diferença entre a sua forma de pensar sobre estratégia e a perspectiva de Porter a respeito do assunto.

É amplamente diferente. O modelo de Porter, no seu livro da década de 1980, fala sobre a criação de uma indústria oligopolística, em que todos os participantes cooperam e criam barreiras de entrada, para que as empresas inimigas se mantenham afastadas. Então dentro dessas barreiras são criadas empresas parceiras que dividem o mercado e estabelecem pactos de preço, embora evidentemente isso devesse ser feito por meio de sinais, e não explicitamente. Porter fala sobre o descalonamento da rivalidade em uma indústria para aumentar as margens. O que eu gostaria de falar a respeito é o uso de guerras de preços equivalentes para criar crescimento. Desse modo, você muda suas margens, baixando-as, cria valor para os acionistas devido ao crescimento rápido, e em vez de viver em paz com os outros concorrentes, ativamente você perturba as competências essenciais (*core competencies*) uns dos outros. Você tenta tornar obsoleta a competência essencial do líder de mercado, e quando consegue, torna-se o novo líder.

Para Porter, existem poucos líderes na indústria devido às barreiras de entrada, e eles são impossíveis de desafiar, de modo que você fica restrito ao mercado periférico. Se nós seguíssemos o modelo de Porter, teríamos um grande número de pessoas definidas por um sistema de castas, um grande número de corporações presas a essas castas. E as maiores empresas não enxergam essas barreiras.

Vou dar um exemplo muito simples: Toyota *versus* General Motors. A General Motors passou anos e anos construindo uma rede de serviços e manutenção. Eventualmente, tinha entre seis e sete mil revendedores, e gastava bilhões em suporte para essas franquias e redes de serviços. Então, surge a Toyota e simplesmente faz um carro que precisa de muito menos manutenção. E todos esses bilhões tornam-se custos irrecuperáveis e desperdiçados, que na realidade trabalham contra você. Como estratégia, a diferenciação é superestimada. Porque é realmente necessário mudar a estrutura de uma indústria para lidar com os problemas que vemos nos dias de hoje, especialmente no que diz respeito à comoditização, que é a peste negra das corporações modernas, uma doença letal que está se espalhando demais.

Novas perspectivas sobre vantagem competitiva

Outros também estão atacando a premissa central da lógica estratégica porteriana. Rita McGrath é professora na Graduate School of Business da Universidade de Columbia, em Nova York, e especialista em crescimento estratégico de negócios em ambientes incertos. Assim como D'Aveni, ela argumenta que os dias da vantagem competitiva sustentável estão contados.

McGrath é a autora e coautora (com Ian MacMillian) de três livros: *The Entrepreneurial Mindset: Strategies for Continuously Creating Opportunity in an Age of Uncertainty* (2000), *Market Busters: Forty Strategic Moves That Fuel Exceptional Business Growth* (2005) e *Discovery-Driven Growth: A Breakthrough Process to Reduce Risk and Seize Opportunity* (2009). Seu livro mais recente chama-se *The End of Competitive Advantage: How to Keep Your Strategy Moving as Fast as Your Business* (2013).

Em *Discovery-Driven Growth*, McGrath explora como os empreendimentos podem crescer dinamicamente e incentivar novos negócios inovadores, sem a ameaça dos riscos indevidos. Ela oferece ferramentas e processos que ajudam os empreendedores a explorarem suas oportunidades. Em *The End of Competitive Advantage* ela vai além.

O livro começa com uma avaliação simples sobre estratégia, e a questionamos sobre isso:

No começo do livro você diz que a estratégia está estagnada. Explique.

Bem, se você pensar nos modelos e recortes que tiveram impacto nessa área nos últimos 20 ou 30 anos, o que realmente é novo? Confiamos muito em modelos do passado que funcionavam em uma época diferente. Eu não consigo pensar em nada que tenha tido grande impacto nos últimos 20 anos. E acredito que isso aconteça porque ainda estamos buscando esta coisa mítica chamada vantagem competitiva sustentável, e se você não consegue encontrá-la, o que fazer?

Duas das principais suposições dos estrategistas são de que nada importa mais do que a indústria, e que a estratégia está focada na busca pela vantagem competitiva, e, uma vez encontrada, ela será sustentável. Você diz que ambas as afirmações são incertas. Pode nos explicar?

Eu acho que é importante observar que a indústria não é mais a questão principal. Se você for relembrar os tempos da moagem úmida de milho, competia-se para fazer parte de um jogo relativo de participação de mercado com outros concorrentes dentro da sua indústria. Hoje, o que vemos é que existe competição entre indústrias. Por isso, um exemplo que eu gosto de usar é que agora o gasto com comunicação, iPhones e outras bugigangas eletrônicas está consumindo todo o dinheiro que costumávamos gastar em restaurantes, carros e viagens. Então, se você tem uma churrascaria, por exemplo, e pensa que está competindo com outras churrascarias – e essa é a forma como você vê o mundo – você está deixando escapar algo muito importante.

E se a vantagem competitiva não é mais sustentável, então estamos falando em redefinir toda a natureza da estratégia, não é?

Eu acho que você está certo. Livrar-se do conceito de sustentabilidade redefine todo o horizonte da competitividade. E acredito que aquilo que veremos no futuro serão empresas que obtiveram sucesso ao longo do tempo tornando-se muito boas em descobrir novas ideias, transformando essas ideias em conceitos de negócios, lançando esses conceitos, fazendo o aprofundamento (*exploitation*) – que sempre foi a base da estratégia –, mas também desengajando. E acho que as empresas deveriam mudar, no sentido de desenvolver igualmente a fase inicial, a base de lançamento e incubação de inovação, e a fase final de desengajamento.

E o que você vai ver será algo como elas surfando nessas ondas de vantagem. Uma onda virá e então irá embora, outra virá e também irá. E empresas que são boas em aumentar a vantagem competitiva não vão se preocupar com isso.

Se o horizonte da estratégia está realmente mudando da maneira que você diz, o que acontece com as ferramentas antigas? O que isso significa para as cinco forças de Porter? O que isso significa para a Matriz BCG? Afinal, uma geração inteira de gestores cresceu utilizando essas ferramentas.

Você está certo em dizer que uma geração inteira de gestores cresceu com essas ferramentas, com as cinco forças, a Matriz BCG, e todas essas coisas, mas elas ainda funcionam se as condições forem corretas. Elas ainda funcionam quando se está explorando uma vantagem que é razoavelmente fácil de definir, e quando sua principal concorrência são outras empresas dentro da mesma categoria.

É na fase de inovação e desengajamento que acredito que essas ferramentas deixem de funcionar. Se eu fosse citar um lugar onde essas ferramentas não têm mais nada a oferecer, eu perguntaria: e quanto ao desengajamento, a telefonia fixa ou Internet discada, ou agendas de telefone físicas? O que estas ferramentas têm a dizer sobre esse tipo de coisa?

E existem alguns trabalhos a respeito de saídas e barreiras de saída, e assim por diante, mas ainda não os aceitamos como funções estabelecidas da estratégia. Da mesma forma, não aceitamos de fato a inovação como uma função estabelecida da estratégia. A estratégia trata tradicionalmente daquela fase de exploração, na qual as coisas são mais estáveis. Agora precisamos pensar em quais ferramentas devemos utilizar quando as coisas não estão mais tão estáveis.

No passado falávamos sobre barreiras de entrada, mas soa como se você estivesse dizendo que agora temos que começar a pensar em termos de barreiras de saída.

Com certeza. Este é um comentário de fato inteligente, a noção de barreiras de saída. Afirmo que uma das coisas que as empresas farão de maneira diferente é serem muito mais cuidadosas no que diz respeito a imobilizar vários ativos e investimentos em locais especificamente competitivos, porque se você precisar se mover rapidamente, não vai querer uma série de ativos fixos. O que você quer é poder usar bens que sejam razoavelmente fungíveis. E um dos argumentos propostos no meu livro é que o acesso aos ativos, e não à propriedade deles, é o que irá definir como gastaremos recursos daqui para a frente.

Então se a vantagem estratégica não é mais sustentável, o que gestores e líderes deveriam fazer? Qual o melhor plano para eles?

A diferença no comportamento de liderança que você vai observar é uma ênfase maior na disseminação rápida de informação. Por isso, no livro, uso o exemplo da Ford e de Alan Mulally, CEO da Ford, que basicamente disse que você não pode administrar um segredo. Desse modo, veremos a diminuição da gestão do "mostre-me os números", "alcance as metas", "não me traga más notícias", "não me traga um problema para o qual não tenha uma solução". Esse tipo de gestão, que funciona muito bem quando tudo está estável, é a que veremos desaparecer.

Veremos liderança focada em influenciar as pessoas e engajá-las. Vamos ver muito mais sinceridade, muito mais ênfase em ser realista e também muito mais ênfase em manter indivíduos e redes engajadas.

No passado, costumávamos dizer que uma promoção seria o suficiente, você começaria no nível 14 e terminaria no nível 2, e isso era o Nirvana. Acredito que a tendência é vermos cada vez menos isso na forma como gerimos carreiras ou em como os líderes vão atrair pessoas no futuro.

No livro você fala sobre proficiência em inovação. O que é proficiência em inovação, e como as empresas podem alcançá-la?

Estratégia e inovação, que costumavam ser atividades distintas, estão se misturando. Quando comecei minha carreira, inovação era algo distante, era aquela coisa esquisita que as pessoas criativas faziam; e a estratégia estava aqui, ela era baseada em posicionamento, em mercados, e assim por diante. Agora estão convergindo. Por isso, argumento que as empresas precisam aprimorar o desenvolvimento do que chamo de proficiência em inovação. E isso envolve ter fundos, ter um mecanismo de administração, ter pessoas que realmente façam isso profissionalmente. Inovação costumava ser um ótimo trabalho, mas uma péssima carreira.

O que veremos agora são empresas ampliando essa capacidade de maneira sistemática. Um exemplo é a companhia australiana de logística Brambles, que tem um negócio realmente fascinante. Eles nasceram dos milhares de paletes deixados para trás pelas forças armadas, depois da Segunda Guerra Mundial, na Austrália, e eram pagos para mandar esses paletes para mundo inteiro. Você não imaginaria que uma empresa como essa seria uma plataforma para inovação, e no, entanto, eles transformaram isso em uma capacitação sistêmica.

Eles perceberam que uma das maiores barreiras contra a inovação para um gestor de lucros e prejuízos (L&P) é o risco de tentar algo novo que possa dar errado. Então o que fazer quando não dá certo? A preocupação é que os meus resultados não sejam positivos, e que eu faça feio. Então o que o CEO fez foi alocar fundos de modo que, se o negócio desse certo, o gestor de L&P ganharia todos os créditos, mas, se desse errado, a corporação arcaria com as consequências. Assim, em vez da resposta usual do gestor, que era "Não quero saber dessas tais inovações, pois são muito arriscadas", eles agora dizem "Traga quantas inovações puder, traga-me quantas puder porque só existem vantagens".

Este é um exemplo de coisas que empresas boas em inovação fazem.

Sejamos absolutamente claros. Não estamos dizendo que vantagem competitiva não é sustentável em lugar algum? Ainda existem focos disso na economia. Não é mesmo?

Sim, eu diria que ainda existem esses focos dentro da economia, nos quais você pode encontrar vantagem sustentável. Se você imaginar a Rolls-Royce ou os pianos Steinway ou algo parecido, esses são negócios de nicho, em que a marca realmente importa ou os consumidores são bastante fiéis; ou negócios como a Boeing, em que construir aviões é algo muito mais complexo. Então, eu ainda acredito que existam lugares onde você possa encontrar vantagem sustentável, e eu diria que as ferramentas tradicionais funcionam bem nesses casos. Mas precisamos encarar o fato de que cada vez menos a economia é representada por esse tipo de indústria, com essas características.

Como suas ideias diferem das de outros pensadores da estratégia? Estou pensando na noção de hipercompetição de Richard D'Aveni e na estratégia do oceano azul de Chan Kim e Renée Mauborgne, e em ambos os casos se fala sobre a natureza transiente da vantagem competitiva.

É interessante questionar se o que eu estou escrevendo realmente é diferente do que já foi escrito antes.

E, com certeza, tínhamos Ian McMillan na década de 1980 falando sobre aproveitar oportunidades estratégicas, e Richard D'Aveni nos anos 1990 falando sobre hipercompetição. Sem dúvida, tivemos a estratégia do oceano azul, que eu acredito ser de 2005. Então, acredito que todos estão observando o mesmo fenômeno, a única diferença é estar chegando a respostas diferentes.

A grande diferença no que estou fazendo *versus* o que já foi feito é dizer "Ok, vamos aceitar isso". Assim que tenha passado o choque e o temor do "meus Deus, a vantagem se foi, como vamos desenvolver estratégias e empresas que possam administrar isso?".

Eu acho que ainda temos muito trabalho pela frente, porque se observarmos como as empresas são administradas, poucas delas, na verdade, funcionam sob a noção de que a estratégia precisa mudar, e de que você possui menos formas sustentáveis de operar.

Apenas para exemplificar, geralmente pensamos em carreiras como degraus de uma escada. E eu acredito que cada vez mais teremos que pensar em carreiras como, o termo popular é "trampos", ou aquilo que numa edição recente a *Harvard Business Review* acabou chamando de *tour de deveres*. Cada vez mais veremos pessoas construírem carreiras que possam abranger múltiplas empresas e múltiplas experiências. Elas não serão mais apenas um tipo de carreira. E isso tem grandes implicações para os indivíduos, no modo como eles devem se preparar. E eu acho que o maior "aha!" para mim é que nós precisamos administrar de uma maneira realmente diferente se aceitarmos essa ideia de vantagem insustentável.

Isso quer dizer que a estabilidade, que costumávamos assumir como a norma, agora é perigosa?

Sim, eu diria que a estabilidade é arriscada. Quando chega a hora de você mudar a gestão já é quase tarde demais. Você quer estar constantemente em movimento. Existem algumas coisas que você quer manter de forma estável enquanto organização. Você quer estabilidade de valores, de liderança, você quer estabilidade na sua razão principal de ser. E em alguns dos trabalhos subjacentes ao livro eu achei empresas capazes de obter muito sucesso dentro deste ambiente altamente dinâmico, que combinavam estabilidade e movimento. Então elas eram muito estáveis em aspectos como valores, talento, contatos e desenvolvimento de pessoal, ao mesmo tempo que tinham um dinamismo incrível para investimentos e locais, como eles movem as pessoas. E esta é a combinação de estabilidade e dinamismo que parece ser a chave.

CAPÍTULO 3

A essência

No final dos anos 1980, o mundo da gestão estratégica havia chegado a um impasse. O posicionamento estratégico buscava explicar as diferenças de desempenho entre empresas aparentemente similares atuando em mercados similares, mas ainda faltava algo. Grande parte do quebra-cabeças não estava resolvido. Em vez de voltarem seus olhares para fora, a partir das organizações, os estrategistas passaram a olhar para dentro, em direção aos recursos da empresa. Era o princípio de uma nova fase: a estratégia baseada em recursos.

Muitos ainda viriam a contribuir para o desenvolvimento de uma visão baseada em recursos na gestão estratégica. Os economistas já haviam descrito empresas como um conjunto de recursos, com base no trabalho de Edith Penrose sobre o crescimento empresarial, no final da década de 1950, e do livro

A *Resource-Based View of the Firm*, escrito por Birger Wernerfelt em 1984.[1] Inicialmente, no entanto, foi o trabalho de Gary Hamel e C.K. Prahalad – dois acadêmicos que se conheceram na Universidade de Michigan – que atraiu a maior atenção. Como Prahalad e Hamel observaram, uma mudança era necessária se as economias ocidentais pretendessem prosperar e defender-se da ameaça japonesa. "Enquanto o 'campo da estratégia' tem florescido, a competitividade das empresas ocidentais tem murchado. Isso pode ser uma coincidência, mas achamos que não é", afirmaram eles.

Formado pela Universidade Andrews, em Michigan, Hamel trabalhou como administrador de um hospital antes de concluir seu PhD em negócios internacionais pela Ross School of Business, na Universidade de Michigan. Hamel era um entusiasta de fala rápida, um revolucionário da estratégia, bigodudo e incansável. Em Michigan, Hamel conheceu seu futuro mentor, Coimbatore Krishnao – C. K. – Pralahad.

Calmo e ponderado, Prahalad (1941-2010) era o parceiro de treinamento perfeito para Hamel. Prahalad foi um dos primeiros dos diversos acadêmicos de gestão notáveis vindos da Índia, cuja ascensão refletia o crescimento da importância global da economia indiana. Prahalad nasceu no estado de Tamil Nadu, na cidade de Coimbatore, e estudou física na Universidade de Madras (hoje Chennai) antes de ingressar na empresa de baterias Union Carbide como gerente. Prahalad viajou para os Estados Unidos para continuar seus estudos, completando seu doutorado em Harvard e lecionando tanto na Índia quanto nos Estados Unidos antes de ingressar na equipe da faculdade de administração da Universidade de Michigan, na qual foi finalmente indicado à Cadeira Harvey C. Fruehauf de Administração de Negócios.

Como Hamel observou a respeito de seu colaborador de longa data: "Nós compartilhávamos uma profunda insatisfação com a forma mecânica com que os estudos sobre estratégia eram conduzidos".² Durante a década de 1980, ambos se consolidaram como a vanguarda do pensamento contemporâneo sobre estratégia, "separando o joio do trigo, o exagero da realidade, o eterno do transitório", como Hamel afirmou.

Intenções estratégicas

No início da década de 1990, várias empresas estavam lutando para permanecer no mercado. Cortar custos e reduzir pessoal era a ordem do dia; a reengenharia de processos de negócio era a última tendência em gestão. Hamel e Prahalad sentiram que a disciplina de estratégia de gestão estava adotando perspectivas cada vez mais limitadas. "Entre os teóricos e aqueles que atuam no campo da estratégia nas organizações, uma enorme porcentagem, talvez 95%, são economistas e engenheiros que compartilham uma visão mecânica de estratégia. Onde estão os teólogos, os antropólogos, para oferecerem ideias mais abrangentes e novas?", eles questionavam.

Era chegado o momento de uma nova abordagem em relação à estratégia corporativa. "Nos anos 1990, o campo da estratégia estava desacreditado", nos disse Hamel. "Com mais frequência do que deveria, *visão* era o ego mascarado de *previsão*; o planejamento era formulaico, incrementalista e, frequentemente, uma perda de tempo em um mundo de mudanças descontínuas; investimentos *estratégicos* eram aqueles que perdiam milhões, se não bilhões de dólares. Como professores de estratégia, C.K. e eu só tínhamos duas opções: mudar de ramo ou tentar reinventar a estratégia para uma nova era. Optamos pela segunda."

Hamel e Prahalad começaram a reinventar o campo da estratégia com dois artigos para a *Harvard Business Review*: "Strategic Intent" em 1989 e "The Core Competence of the

44 Estratégia

Corporation" em 1990, seguidos da publicação do seu livro *Competing for the Future* em 1994. Nessas publicações, eles introduziram e refinaram o conceito de essência: "O aprendizado coletivo na organização, principalmente como coordenar diversas habilidades de produção e integrar múltiplas correntes de tecnologias".[3]

Em "Strategic Intent", Hamel e Prahalad afirmam que o paradigma estratégico existente carece de alguns fatores importantes: "Avaliar as atuais vantagens táticas de concorrentes conhecidos não ajudará a compreender a determinação, a resistência ou a inventividade de concorrentes potenciais". Eles citam Sun Tzu, ao defender seu argumento: "Todos podem ver as táticas que utilizo para conquistar", escreveu Tzu, "mas o que ninguém pode ver é a estratégia por trás das vitórias".

A dupla não concordava com o pensamento estratégico ocidental. "Não é muito reconfortante pensar que a essência do pensamento estratégico ocidental possa ser reduzida a oito regras de excelência, sete *Ss*, cinco forças competitivas, quatro estágios do ciclo de vida do produto, três estratégias genéricas e inúmeras matrizes dois por dois.

Além disso, durante os últimos 20 anos, os "avanços" no campo da estratégia têm tomado cada vez mais a forma de tipologias, heurísticas e longas listas, geralmente com embasamento empírico duvidoso. E mais, mesmo conceitos razoáveis como o ciclo de vida do produto, a curva de experiência, o portfólio de produtos e estratégias genéricas apresentam efeitos colaterais tóxicos: eles reduzem a quantidade de opções estratégicas que a diretoria está disposta a considerar; criam a preferência por vender negócios em vez de defendê-los; e ainda produzem estratégias previsíveis que os rivais identificam com facilidade."[4]

Com muita frequência, dizem Hamel e Prahalad, a estratégia é "vista como um exercício de posicionamento no qual as opções são testadas com base em como se encaixam na estrutura industrial existente". Mas como a estrutura industrial existente geralmente reflete os pontos fortes da indústria líder, isso significa que as empresas estão invariavelmente jogando as regras ditadas por aquelas que dominam a indústria, e isso costuma ser "suicídio competitivo".

Hamel e Prahalad oferecem seu próprio conceito de intenção estratégica – uma obsessão por vencer em todos os níveis da organização – e defendem o uso consistente da intenção para guiar a alocação de recursos. Fazendo isso, as organizações devem atribuir a elas mesmas uma série de desafios: criar um senso de urgência, desenvolver foco competitivo em todos os níveis, proporcionar aos funcionários o desenvolvimento das habilidades necessárias para que trabalhem de modo eficiente, dar à organização tempo para digerir um desafio antes de lançar outro, estabelecer marcos claros e mecanismos de revisão para acompanhar os progressos.

Na essência

Em seguida, veio "The Core Competence of the Corporation", na edição de maio/junho de 1990 da *Harvard Business Review*. Ao tratar das diferenças de desempenho entre as duas grandes corporações NEC e GTE, com a NEC superando a GTE, Hamel e Prahalad observaram: "A distinção que observamos no modo como a NEC e a GTE são concebidas – um portfólio de competências *versus* um portfólio de negócios – foi repetida por várias indústrias".

No longo prazo, afirmaram eles, a competitividade deriva de "uma habilidade de construir, com menor custo e mais rápido do que os concorrentes, as competências essenciais que geram produtos não antecipados. A verdadeira fonte de vantagem é a capacidade da gerência de consolidar tecnologias corporativas amplas e habilidades de produção em competências que propiceam aos negócios individuais a possibilidade de adaptar-se rapidamente às oportunidades em constante mudança".

As competências já haviam aparecido na literatura de administração, tanto indireta quanto especificamente. Por exemplo, o famoso artigo de Ted Levitt "Marketing Myopia", publicado em 1960 na *Harvard Business Review*, enfatizou a importância das empresas identificarem claramente em qual tipo de negócio elas estão. Companhias ferroviárias estão no negócio de transporte, por exemplo, e não no de ferrovias.

O pioneiro da estratégia Kenneth Andrews foi mais específico em *Business Policy: Text and Cases*, de 1965, quando observou que "a 'competência distintiva' de uma organização é mais do que aquilo que ela pode realizar; é o que ela pode realizar particularmente bem". Em outro momento do mesmo livro, ele afirma: "Em cada empresa, o modo como a competência distintiva, os recursos organizacionais, e os valores organizacionais são combinados é único". No entanto, Prahalad e Hamel elevaram a ideia para outro nível com sua concepção de batalha competitiva por e entre competências essenciais.

Estratégia harmônica

Afinal, o que eram competências essenciais de acordo com Prahalad e Hamel? Elas tratavam da harmonização de fluxos de tecnologia, da organização do trabalho e da entrega de valor; ou seja, eram a "comunicação, o envolvimento e um profundo comprometimento com as operações além das fronteiras organizacionais", e envolviam pessoas de diferentes níveis, em todas as funções. De fato, combinar habilidades por meio das fronteiras funcionais era um aspecto fundamental das competências essenciais.

Em vez de ver um empreendimento como um conjunto de unidades de negócio, eles queriam que os gestores enxergassem

a organização como um portfólio de competências essenciais.
A estratégia corporativa não era um exercício de planejamento estático, nem a atribuição primária de uma função financeira focada no controle e nos lucros e prejuízos (L&P); tampouco implicava meramente análises detalhadas de competidores, de uma indústria ou do ambiente externo. A estratégia estava ativa em um âmbito muito mais amplo dentro da organização, e requeria uma avaliação interna dos recursos que a empresa possuía à sua disposição, e o que poderia ser realizado com esses recursos.

No mesmo ano em que *Competing for the Future* surgiu, a coleção de perspectivas sobre "a temática da competência essencial e os processos e questões envolvidas no gerenciamento da competência essencial" foi publicado.[6] No prefácio, Richard Rumelt identifica alguns elementos-chave do conceito de competências essenciais como proposto por Hamel e Prahalad.

Abrangência corporativa. Competências essenciais transcendem as unidades de negócio e os produtos em uma empresa. Elas se espalham por toda a organização, e sustentam o valor potencial de vários produtos e negócios dentro dessa organização.

Dominância temporal. Enquanto um produto é a expressão das competências essenciais de uma organização em um determinado momento, as competências essenciais em si são mais estáveis, emergindo e evoluindo ao longo do tempo, geralmente durante vários anos.

Aprender fazendo. Competências são o resultado do aprendizado coletivo em uma organização, evoluindo à medida que esse aprendizado é aplicado e compartilhado.

Lócus competitivo. Organizações são, de fato, um portfólio de competências essenciais e disciplinas. A competição de produtos em um mercado é meramente a expressão da competição em um nível de competência mais fundamental, que é, por sua vez, baseado na aquisição de habilidades.

Competências essenciais não são habilidades individuais ou tecnologias. Ao contrário, são pacotes de capacitações formados por conjuntos de habilidades, conhecimento, ideias e experiências. É esse conjunto de competências que cria a vantagem competitiva de uma organização. A natureza dinâmica das competências permite que empresas se adaptem e respondam às constantes mudanças no panorama de negócios – o foco nas capacitações futuras da organização é especialmente importante nesse contexto.

Depois da exposição das ideias de Hamel e Prahalad, e da associação de competências essenciais com diferenciação empresarial e vantagem competitiva, as organizações ao redor do mundo trataram de determinar suas próprias competências essenciais.

Hamel e Prahalad ofereceram três testes para identificar competências essenciais. Primeiro, uma competência essencial oferece acesso potencial a uma ampla gama de mercados. Segundo, uma competência essencial deve contribuir amplamente para os benefícios percebidos pelo consumidor no produto final. Terceiro, uma competência essencial deve ser difícil de reproduzir pelos concorrentes, e assim será, se ela for "uma complexa harmonização de tecnologias individuais e habilidades de produção".

Hamel e Prahalad não esperavam que as empresas produzissem muitas competências essenciais. "É provável que poucas empresas construam uma liderança mundial em mais do que cinco ou seis competências fundamentais", escreveram eles. "Uma empresa que tenha compilado uma lista de 20 a 30 capacitações provavelmente não produziu uma lista de competências essenciais".[7]

A essência **49**

Entretanto, outros observadores notaram que, na prática, a identificação das competências essenciais não era objetiva.

Não era fácil encontrar competências que atendiam aos critérios de Hamel e Prahalad, oferecendo acesso a vários mercados, contribuindo significativamente para os benefícios percebidos pelos consumidores no produto final, e que fossem difíceis de reproduzir.

Sempre havia um risco de que uma sessão para encontrar as competências essenciais acabasse resultando em uma lista contendo apenas as coisas nas quais a empresa gostaria de ser boa. Havia também a tentação de identificar muitas competências essenciais, apesar da advertência de Prahalad e Hamel nesse sentido. Como alternativa, algumas empresas abordaram a busca das competências essenciais de um ponto de vista de competências pessoais, e depois tentaram revertê-las para competências essenciais corporativas. Isso não era o que Hamel e Prahalad tinham em mente.

E se – como é possível em uma era de empreendimentos impulsionados pelo conhecimento – as competências essenciais de uma empresa estiverem ligadas a um seleto grupo de indivíduos? Se essas pessoas saírem, a empresa perde suas competências essenciais.

Outra complicação em potencial, alguns sugeriram, era que depois de estabelecidas as competências essenciais pela empresa, ela se sentiria obrigada a explorá-las tanto quanto possível. Isso geralmente significava diversificação, uma rota marcada por potenciais armadilhas.

Uma nova revolução

Hamel e Prahalad estavam desenvolvendo suas ideias sobre estratégia em um período de mudanças bruscas. Quando *The Core Competence of the Corporation* foi publicado em 1990, a Internet, um dos maiores transformadores do século XX, ainda estava no início; Larry Page e Sergey Brin, os fundadores do Google, ainda não se conheciam, e o sistema operacional Windows, da Microsoft, tinha apenas 5 anos de idade e estava na versão 3.0. Mesmo assim, poucos anos depois, o mundo estava na crista da onda "ponto com".

A perspectiva de estratégia baseada em recursos de Hamel e Prahalad formou a ponte entre o posicionamento estratégico, a visão de estratégia baseada no ambiente externo, enraizada na tradição estática de planejamento estratégico, e da abordagem mais fluida e fragmentada da gestão estratégica sugerida pelos pensadores orientados para o futuro.

Tanto Hamel quanto Prahalad previram essa mudança e continuaram trabalhando em diferentes aspectos da estratégia nos anos 2000. Os sinais de que eles compreendiam a forma como o mundo estava mudando eram claros. Veja o trabalho de Hamel na época de *Leading the Revolution*, no final do século XX. Com sorte, ele sugeriu, abraçar as inovações permitirá que a empresa dedique-se à inovação de conceitos de negócio. E ela também deverá pensar de maneira diferente a respeito das competências, não apenas em termos de suas próprias competências essenciais, mas em termos de "como enxergo todas as competências que estão mundo afora e penso nas possibilidades de união desses fatores?".

Vida após as competências essenciais

À medida que suas carreiras progrediam, tanto Hamel quanto Prahalad voltaram-se para outras áreas de interesse. Em 1995, Hamel foi cofundador da empresa de consultoria estratégica e inovação global Strategos, e, no início dos anos 2000, voltou sua atenção para a inovação gerencial e a fundação do Management

Innovation Lab (Laboratório de Inovação Gerencial), junto com o estudante da London Business School Julian Birkshaw. Quando conversamos com Hamel, ele estava cheio de entusiasmo revolucionário e começou a falar sobre aquilo que chama de estrategização criativa.

O que é estrategização criativa?

O mais importante é que ela vai guiar o pensamento revolucionário por meio de algumas linhas principais. Primeiro, planejamento estratégico não é estratégia. Planejamento e formulações estratégicas são coisas bem diferentes. Estratégia é descoberta e invenção – o que torna a estratégia subversiva e o estrategista um infringidor de regras ou um revolucionário.

Segundo, a verdadeira barreira do planejamento estratégico geralmente está no topo, não no meio ou na base. O objetivo do revolucionário é libertar o processo da tirania do passado. Seus guardiões estão no topo. E terceiro, não é possível enxergar o final no começo. A formulação estratégica é um processo de descoberta e um momento de invenção. Não é vender para aqueles no meio ou na base algo já definido por aqueles que estão no topo ou de fora (os consultores externos).

De onde virá essa criatividade?

A estrategização bem-sucedida depende de quatro condições necessárias dentro da organização:

1. Incluir novas vozes na formulação estratégica (se sempre houver o mesmo painel, a conversa será repetitiva).
2. Apresentar uma nova perspectiva.

3. Criar discussões estratégicas sobre o futuro da corporação.
4. Ter paixão.

Você está falando de uma perspectiva totalmente diferente sobre estrategização.

Gostamos de acreditar que podemos dividir a estratégia em cinco forças ou sete *Ss*, mas não podemos. A estratégia é extraordinariamente emotiva e exigente. Não é um ritual ou um exercício realizado uma vez por ano, embora seja isso que ela tenha se tornado. Nós estabelecemos um padrão muito baixo. Como resultado, os gestores estão estagnados nos pormenores do presente, gastando menos de 3% de seu tempo olhando para o futuro.

Mais tarde, quando falamos novamente com Hamel, seu foco era o engajamento de funcionários. Perguntamos o que ele considerava ser sua competência essencial:

Se tive qualquer impacto na administração, e isso cabe a mim julgar, acredito que deva ter sido pelos seguintes motivos. Número um: sou muito interessado no mundo da prática. Teoria é ótimo, mas apenas se nos ajuda a fazer algo prático de uma maneira nova e melhor. Então, acredito que tenho uma paixão por fazer realmente diferença, experimentar coisas, pôr a mão na massa.

Número dois: para mim, nenhum desses problemas chega a ser uma questão intelectual. Eles sequer são sobre como tornar as organizações mais eficientes. Sou motivado por problemas humanos. O desafio hoje é que nossas organizações precisam se tornar mais adaptáveis, mais inovadoras, mais atraentes.

A essência 53

Curiosamente, os seres humanos já são todas essas coisas. Conheço várias pessoas que mudaram de carreira na meia-idade, o que requer enorme resiliência, e outras que precisaram lidar com alguma tragédia familiar. À medida que democratizamos as ferramentas de inovação, estamos aprendendo que há esse enorme filão de criatividade nas pessoas, e seres humanos são muito atraentes – nos interessamos por outras pessoas. É por isso que assistimos a *reality shows*, e assim por diante. Então você começa a se perguntar: "Por que nossas organizações são menos humanas do que as pessoas que trabalham lá? E por que não conseguimos fazer uso de toda essa humanidade?". Portanto, penso que, provavelmente pela primeira vez em 100 anos ou mais, a única maneira de construir uma organização adequada para o futuro é construindo uma que seja realmente adequada aos seres humanos. Isso nos dá licença para fazer várias coisas e tentar várias coisas que eles simplesmente não lhe permitiriam se achassem que seu interesse é meramente intelectual ou que seu interesse primário é egoísta.

Então acredito que a última parte é: você tem que contrariar. Não sei como você vai conseguir fazer isso, mas acredito que deva pensar como alguém de fora; você tem que desafiar constantemente a sabedoria convencional. Você não pode subestimar a importância de nada, e no momento que disser a si mesmo "já entendi isso, sei como funciona", você será capturado. Quando converso com CEOs, seguidamente, se estou aprendendo sobre um novo negócio, uma nova indústria, um CEO geralmente me dirá: "Gary, deixe-me contar como nossa indústria funciona". E sempre penso: "Por enquanto, ou até onde você sabe, ou até que não mais". Então, acredito que no mundo em que vivemos hoje, uma das lições pessoais mais importantes para qualquer um é considerar tudo em que acredita como sendo meramente uma hipótese, e estar eternamente incerto sobre essas crenças e sempre aberto a desafiá-las. Acho que é essa combinação entre ser empático e ainda assim um pouco inconformista, constantemente circulando entre o mundo da teoria e o da prática. Essas são algumas das coisas pessoais que me ajudaram, pelo menos em minha própria carreira.

De baixo para cima

Enquanto isso, Prahalad estava focado na cocriação de valor e de desafios inovadores na base da pirâmide, junto com seu colega de academia Venkat Ramaswamy, como coautor de *The Future of Competition: Co-Creating Value with Costumers* e seguindo com *The Fortune at the Bottom of the Pyramid: Eradicating Poverty Through Profit**, e seu último livro, *The New Age of Innovation*, de 2008, em coautoria com M.S. Krishnan, antes de sua morte prematura em 2010, em um momento em que era considerado o maior pensador em gestão do mundo.[8]

Tivemos sorte de conviver com C.K., e sempre consideramos sua companhia estimulante e generosa. Como escrevemos em um tributo a ele na Thinkers50, C.K. era único entre os teóricos de administração que tivemos a oportunidade de conhecer. Ele combinava o desprendimento intelectual de um

---

* N. de E.: Publicado em língua portuguesa sob o título *A Riqueza na Base da Pirâmide: Erradicando a Pobreza com o Lucro*, Bookman, 2010.

A essência 55

professor de administração com a humanidade de um ativista social.

Uma das recordações de C.K. veio de algo que aconteceu depois da filmagem de uma entrevista para a Thinkers50. A entrevista tinha sido boa. O entrevistado (C.K.) tivera um desempenho brilhante; embora o entrevistador (Des) tivesse se atrapalhado com algumas perguntas. Apesar de estar cansado depois de um longo dia, e de precisar pegar um avião, C.K. regravou várias tomadas com serenidade. Finalmente, a entrevista estava encerrada e ele podia partir. A maioria dos gurus teria ido embora sem olhar para trás. Mas C.K. virou-se para os operadores de câmera e perguntou: "O que eu disse fez sentido para vocês? Porque se não fez, então não estou fazendo meu trabalho corretamente".

Os operadores de câmera haviam sido chamados com pouca antecedência. Uma hora antes, provavelmente eles nunca haviam ouvido falar nele. Certamente, nunca haviam lido nenhum de seus livros ou artigos. Ainda assim a resposta foi enfática. Eles haviam compreendido. Mais que isso, reconheceram instintivamente que ali não estava apenas um homem inteligente, mas também um grande homem. Foi a única vez que pudemos lembrar de uma equipe de câmera espontaneamente pedindo o autógrafo de um professor de administração.

Esse era C.K. "A linha escondida que permeia meu trabalho é a ideia de democratização do comércio," nos contou na última vez em que falamos. "É isso que me interessa". Ele tinha uma preocupação passional que suas ideias fossem compreendidas não apenas por acadêmicos e MBAs, mas por todos. O raciocínio de C.K. era encantadoramente simples: suas ideias eram para todos.

Sua missão era mostrar ao mundo uma visão mais humana e generosa sobre o capitalismo. Pense nisso como uma estratégia mais sustentável não apenas para o capitalismo, mas também para a humanidade.

Na última vez que conversamos, pouco antes de sua morte, era esse o tema – que estava no coração de seu livro final *The New Age of Innovation* – que ele desenvolveu.

Qual é a temática fundamental que conecta todo o seu trabalho?

A temática escondida – que não está mais escondida porque eu lhe falei sobre ela – é a democratização do comércio. É isso que meus livros vêm construindo.

Se pensarmos sobre a democratização do comércio, comecei com uma perspectiva filosófica ampla. O século XX tratava de liberdade política. Não tenho uma visão de Pollyanna. Reconheço que é um trabalho em andamento. Ainda não chegamos lá. Mas as pessoas reconhecem que liberdade política é um direito nato. Então me pergunto: qual é o maior desafio para todos nós no século XXI? É como iremos democratizar o comércio.

Pense nas competências essenciais como se fosse uma ideia. A competência essencial não trata da gestão no topo; trata dos trabalhadores comuns, pessoas comuns, da comunidade técnica comum, e da comunidade de trabalhadores agindo juntos para criar capital intelectual. Estamos basicamente afirmando que o capital intelectual é decisivo para o sucesso das empresas, então não subestime o valor agregado e a crítica das pessoas comuns. Não se trata apenas dos sujeitos no topo.

Agora essa ideia é amplamente aceita. E graças a TQM (Total Quality Management), que é exatamente isso, todos compreendem que qualidade está em dar poder às pessoas comuns. Esse é o ponto de

A essência   57

partida. Em seguida passamos para a segunda ideia de cocriação. Cocriação é uma ideia importante. O que ela afirma é que precisamos de dois solucionadores de problemas combinados, não apenas um. No sistema industrial tradicional, a empresa era o centro do universo, mas agora que entramos na nova era da informação, os consumidores têm a oportunidade de moldar suas próprias experiências pessoais. Então, com a cocriação, os consumidores podem personalizar suas ofertas e a empresa pode se beneficiar. Cocriação é questionar de que modo podemos dar poder aos consumidores. Eu comecei dando poder aos funcionários; essa é a competência essencial. Cocriação é a próxima etapa: como dar poder tanto para os fornecedores quanto para os consumidores, de maneira que coletivamente possamos criar mais valor?

Hoje, ligar-se a fornecedores é chamado de conectar e desenvolver ou de inovação aberta. Essa ideia não surgiu subitamente; é uma ideia antiga. Mas a cocriação com os consumidores está acontecendo em todos os lugares, e *The New Age of Innovation* trata de colocar isso em prática.

Qual seria um exemplo desse tipo de cocriação?

Pense no Google. O Google não me diz como usar o sistema; eu posso personalizar minha própria página; posso criar o iGoogle. Eu decido o que quero. O Google compreende que pode ter centenas de milhões de consumidores, mas cada um pode fazer o que quiser com sua plataforma. Esse é um caso extremo de valor de cocriação personalizado. Chamamos isso de N=1.

Por outro lado, o Google não produz conteúdo de forma alguma. O conteúdo vem de um enorme número de instituições e indivíduos ao redor do mundo. O Google agrega esse conteúdo e o disponibiliza para mim. Os recursos não estão contidos na empresa, mas acessados por meio de inúmeras instituições; portanto, os recursos são globais. Nossa abreviação para isso é R = G.

E isso está ligado à democratização do comércio?
Sim. Portanto, comecei com uma visão centrada na empresa, o processo de democratização rompendo a hierarquia e permitindo que pessoas comuns contribuam. Essa é a gestão mais anticientífica que se pode ter. Taylor disse aos trabalhadores: "Eu os farei mais eficientes separando o seu trabalho em tarefas simples para que vocês não precisem pensar". Com a ideia das competências essenciais, estávamos dizendo aos trabalhadores: "Queremos que vocês pensem". Agora estou dizendo: "Quero que fornecedores e consumidores pensem junto comigo". E essa é a ideia por trás da cocriação.

Se unirmos essas duas ideias e formos até a base da pirâmide, estamos essencialmente dizendo: "Como faço para que todas as pessoas no mundo se beneficiem com a globalização como consumidores, produtores, inovadores e investidores?". Então, pense no mundo como uma combinação de microconsumidores. Isso significa que devemos tornar as coisas acessíveis. Essa é a base da pirâmide, acessível e disponível.

No papel de microconsumidores, também quero que eles exerçam sua liberdade de escolha. Isso é cocriação. E isso se aplica a tudo. Mesmo se você puder comprar aquilo que pessoas ricas podem comprar, você ainda quer cocriar. Em outras palavras, escolha pessoal e acessibilidade são duas características de um consumidor. Como microprodutor, eu também quero receber um valor justo pelo meu trabalho. Isso significa que preciso me tornar parte de uma cadeia global de suprimento. Não importa se eu sou um pobre fazendeiro queniano exportando flores para a Europa, ou um farmacêutico indiano exportando meus produtos para os Estados Unidos, eu quero ser remunerado justamente. Isso significa que precisamos conectar todos aos mercados, não apenas os mercados locais, mas também mercados regionais e globais.

Outros dois aspectos são igualmente importantes na cocriação. Qualquer um pode ser um microinovador, porque a conectividade de hoje permite que pessoas em toda parte participem e sejam úteis. Logo, o que vemos hoje é um maior número de pessoas participando da resolução de problemas. Isso permite que você e eu sejamos microinovadores. E, por fim, o próximo grande passo é questionar: "Como estimular pessoas a investirem pequenas quantias, $3, $4 ou $5, o que quer que possam pagar? Como agregá-las para que todos contribuam para o aumento de produtividade do capital?".

Então a ideia de democratização é construir sistemas baseados no indivíduo, nos quais um microconsumidor pode ser um microprodutor, microinovador e microinvestidor?

Intelectualmente, estive bem preocupado com a criticidade do indivíduo. Logo, a democratização do comércio nos força a pensar sobre três questões muito importantes. A primeira é a centralidade do indivíduo, não a centralidade institucional do indivíduo, mas os indivíduos da instituição. Essa é, portanto, a centralidade do indivíduo. Interdependência das instituições; ninguém mais pode continuar fazendo isso sozinho. Seja qual for o tamanho da empresa. É por isso que mesmo empresas como a Procter & Gamble precisam pensar sobre conectar e desenvolver. Agora todos entendem isso. Significa, então, que devemos competir em um sistema igualitário: interdependência das instituições.

E a terceira parte, a mais importante, é sobre inovações interativas, que envolvem uma grande quantidade de pessoas. É por isso que em *The New Age of Innovation*, tento cunhar termos simples.

Você usa as fórmulas N=1 e R=G. Pode explicar o que elas significam no contexto do comércio democratizado?

N é igual a um – que é a centralidade da experiência individual. R é igual a G, que por definição é a interdependência das instituições. E, finalmente, estou argumentando em favor da interatividade, da inovação iterativa em vez de apenas torcer por um enorme e radical avanço, que pode acontecer. Várias coisas na vida podem ser alcançadas com pequenos passos dados rapidamente por um grande número de pessoas, criando grandes mudanças.

Um exemplo disso é o que aconteceu com o Facebook, Twitter e LinkedIn. Existem mudanças fundamentais em nossa sociedade acontecendo de maneira muito rápida, constante e até fácil. Em outras palavras, ninguém o está forçando a fazer parte disso, mas você percebe as vantagens, quando participa; se você não enxerga, não faz.

Logo, acredito que estamos à beira desse novo desafio intelectual, e certamente um desafio organizacional e social, de como permitiremos que todos se beneficiem. Isso não significa que todos serão igualmente bem-sucedidos, mas todos têm o direito de participar e da oportunidade de participar. Pelo menos essa é minha esperança em relação ao caminho que estamos seguindo.

Além da essência

O debate sobre competências essenciais iniciado por Hamel e Prahalad gira em torno da habilidade das empresas (e indivíduos) de identificar aquilo em que são boas e então focar e maximizar essas competências.

Entre aqueles que exploram tal território com outra perspectiva está Chris Zook, da Bain & Company. Cérebro da prática estratégica da Bain ao redor do mundo, ele é o autor de *Profit from the Core* e *Repeatability*, entre outros. Quando falamos com Zook, ele identificou duas temáticas centrais para sua pesquisa.

Conte-nos sobre seus livros.

Primeiro, todos os meus livros tratam de como as empresas procuram – com sucesso ou não – sua próxima onda de crescimento lucrativo. Para onde elas vão em seguida? Qual o balanço entre estar focado e explorar novas áreas?

Segundo, talvez ainda mais interessante do que isso, é a revelação constante ao longo de toda a pesquisa e dos estudos de caso que, frequentemente, a principal barreira que impede as empresas de encontrarem sua próxima onda de crescimento são elas mesmas, que a resposta é interna. Apenas 15% da variação no desempenho entre as empresas estão relacionados à escolha do mercado, e 85% à maneira como esses negócios competem com outros à sua volta. E quando realmente observamos as principais questões e barreiras que as empresas precisam enfrentar, descobrimos que elas tendem a ser mais internas do que externas. Os negócios parecem ser seus próprios inimigos, e a autoconsciência, afinal, é, provavelmente, o epicentro de várias histórias de muito sucesso e outras de enorme fracasso no mundo dos negócios.

Devemos achar isso deprimente ou encorajador?

Acredito que é encorajador, porque, na verdade, isso o fortalece, e várias das histórias de grandes ícones que utilizamos ao longo de 12 anos de pesquisa nesse tópico foram sobre empresas que, de alguma forma, perderam-se no caminho ou ficaram estagnadas. Talvez empresas como a LEGO, por exemplo, que entrou no ramo de parques temáticos e relógios infantis tentando se tornar uma empresa focada em marca, voltou para o principal brinquedo LEGO, saiu de todo o resto, e foi completamente renovada. A American Express tem uma história similar. Na Holanda, há alguns anos, a Vopak também teve uma história semelhante. E mesmo muitas corporações grandes, como a Procter & Gamble, ficaram estagnadas e perceberam que haviam entrado no segmento de cosméticos e farmacêuticos e, possivelmente investindo pouco em sua essência de gerenciamento de marca e na profunda capacidade de comercializar os *insights* do consumidor mais rápido que muitos de seus concorrentes.

Na realidade, é bastante encorajador que na maioria das vezes a resposta seja interna. Observamos 115 grandes estudos que fizemos sobre empresas ao redor do mundo e perguntamos qual é a essência do *insight* principal, do *insight* seminal, de procurar por todas as opções estratégicas possíveis para o negócio. Em dois terços dos casos, descobrimos que o *insight* seminal era que o negócio havia subestimado radicalmente o potencial de suas maiores capacidades, e que, na verdade, a resposta estava mais aparente e era mais plausível do que se mover em direção a um novo mercado, que é uma proposta extremamente arriscada e perigosa.

Como podemos afastar as empresas da diversificação?

A chave é, número um, ter um CEO que não seja movido pelo ego, querendo construir impérios e perseguir objetos mirabolantes, mas um CEO que, de fato, ame a essência do negócio. Frequentemente descobrimos que uma reinjeção da mentalidade do fundador resulta no retorno do negócio às suas origens e à redescoberta de coisas que já estavam lá; pense no retorno de A.G. Lafley a Procter & Gamble ou de Howard Schultz a Starbucks.

Portanto, acredito que é a mentalidade da equipe de gestores e a curiosidade intelectual, aliadas ao amor pela essência do negócio na linha de frente, que o mantém longe de problemas. Então, penso que equipes de gestores que são obcecadas por perseguir mercados aquecidos e metas de crescimento estabelecidas no vazio são aquelas que tendem a encontrar maiores dificuldades. A falta de autoconsciência combinada com ego, verba excessiva, com metas de crescimento excessivas é provavelmente a pior relação que podemos ter. É preciso cuidar deles, mas também é necessário entender o que eles são.

"Qual a sua essência?" é uma das questões mais difíceis de as empresas responderem de modo consistente. Você pode alcançar grandes resultados nos negócios, mas se estiver alcançando-os de forma idêntica a todos os concorrentes ao seu redor, os preços vão cair e você não ganhará uma fatia maior do mercado; vai dividi-la igualmente. Logo, os negócios que vão melhor são aqueles altamente diferenciados, em relação aos seus concorrentes, nos critérios mais importantes para os consumidores, mas isso costuma ser difícil de saber. E quando estudamos em detalhes 200 empresas para o livro *Repeatability*, observamos 900 maneiras diferentes pelas quais essas empresas se diferenciaram, e as separamos em 15 grupos diferentes, e agora estamos tentando construir uma ciência em torno da diferenciação.

Mas se havia uma constante dentro desses 15 tipos, era que, na verdade, os melhores negócios tinham talvez três ou quatro capacitações realmente profundas, forças de fato extraordinárias.

No caso da Scania, era a ciência da modularização que permitia que seus caminhões possuíssem até 40% menos partes móveis em comparação a muitos de seus concorrentes. Descobrimos que os melhores negócios haviam criado um modelo replicável com muitas, muitas atividades, mas eram construídos sobre duas, três ou quatro áreas essenciais (*core areas*) realmente fortes, e que qualquer uma delas tendia a ser mensurável, sendo claramente observáveis para a organização como suas melhores áreas. Para a IKEA seria focar o design em uma faixa de preço específica, embalagens planas, para que as pessoas pudessem carregar o produto, e o formato único do design da loja. O que observamos é que a maioria dos negócios diferenciados tinham um modelo de negócio, três capacitações profundas que podiam ser medidas, e um modelo replicável que podia ser levado e constantemente adaptado a novos segmentos, novas aplicações ou novas geografias. Essa era de fato a essência do poder da diferenciação. Mas ela é um alvo em movimento, e você precisa seguir investindo nela e mantendo-se à frente com constantes melhorias e inovações.

CAPÍTULO 4

Hipercompetição e além

O posicionamento estratégico de Michael Porter e a abordagem baseada em recursos de Gary Hamel e C.K. Prahalad oferecem perspectivas divergentes a respeito do mundo da estratégia. Mesmo assim, apesar das dissimilaridades, eles compartilham um pressuposto fundamental que seguiu incontestado até os anos 1990: o objetivo principal da gestão estratégica é obter uma vantagem competitiva sustentável, e, portanto, essa vantagem competitiva sustentável não é apenas desejável, mas também possível.

Mas durante a década de 1990, dúvidas começaram a se instaurar. Será que a vantagem competitiva era inevitavelmente efêmera? Será que a vantagem competitiva sustentável era uma ficção imaginada pelos estrategistas, e criá-la seria o equivalente gerencial da alquimia? Richard D'Aveni, da Tuck Business School, certamente acreditava que sim. Ele afirmava que a administração de negócios estava entrando em uma nova era a qual chamou de hipercompetição. À medida que a competição acelerava e se intensificava, disse D'Aveni, não havia mais algo como vantagem competitiva sustentável. Em vez disso, as empresas devem competir de maneira fugaz e constantemente mudando suas vantagens competitivas, procurando desestabilizar seus rivais.

Com prazer, D'Aveni posicionou-se contra a ortodoxia estratégica do momento. Essa é uma posição que ele aprecia. D'Aveni tem sido chamado de "o Henry Kissinger da estratégia corporativa". Ele vê isso como um elogio: "Eu acho maravilhoso. Eu adorava Henry Kissinger, e passei muito tempo lendo seus livros".

Na época, grandes corporações norte-americanas como IBM e General Motors estavam sofrendo. Contudo, a teoria estratégica convencional sugeria que essas empresas, com suas enormes economias de escala, abundantes recursos, grande poder de fixação de preços, cadeias de suprimentos afiadas, e P&D de vanguarda, deveriam facilmente ser capazes de construir barreiras de entrada em seus mercados e assegurar suas vantagens competitivas a longo prazo. Não lhe parece conhecido?

O mundo havia mudado. Princípios consolidados da estratégia já não eram mais válidos. Nesse novo mundo, a velocidade das mudanças acelera, novas tecnologias são introduzidas com regularidade surpreendente, concorrentes mundiais emergem, mercados bem estabelecidos desaparecem, e novos mercados surgem do nada.

Em vez da noção estabelecida de que a abordagem estratégica de uma empresa deve focar-se na criação de vantagens, D'Aveni sugeriu que a destruição da vantagem de um oponente é igualmente importante. Empresas implantando uma estratégia de cinco anos descobriram que, no momento em que seus ativos estavam posicionados corretamente e sua estratégia estava em andamento, as circunstâncias do mercado haviam mudado; o mundo havia seguido em frente, deixando-os para trás.

Na visão de mundo de D'Aveni, a sobrevivência corporativa estava ligada a um conjunto de "interações estratégicas dinâmicas". As empresas realizariam suas ações estratégicas apenas para tê-las anuladas pelos concorrentes, em seguida, buscariam uma vantagem diferente, que seria anulada também, e assim por diante. Esse era o mundo da hipercompetição, um ambiente no qual vantagens são rapidamente criadas e erodidas.

Como D'Aveni escreveu em *Hypercompetition: Managing the Dynamics of Strategic Maneuvering*: "Vantagens só duram até que os concorrentes as tenham duplicado ou anulado... proteger vantagens tornou-se cada vez mais difícil. Assim que a vantagem é copiada ou superada, ela não é mais uma vantagem. Ela se transforma em um custo do negócio. Em última instância, o inovador só é capaz de explorar sua vantagem por um limitado período de tempo antes que a concorrência lance um contra-ataque. Com o lançamento desse contra-ataque, a vantagem original começa a erodir, e uma nova iniciativa é necessária".[1]

O objetivo estratégico das organizações no mundo hipercompetitivo, diz D'Aveni, é "aproveitar a iniciativa com a criação de uma série de vantagens temporárias".[2] Organizações permanecem à frente dos concorrentes por meio de saltos constantes de uma vantagem temporária para a próxima, criando novas vantagens e erodindo as vantagens dos concorrentes à medida que seguem.

No ambiente hipercompetitivo, as interações estratégicas dinâmicas ocorrem em quatro campos de batalha competitivos: custo e qualidade, competição de *timing* e *know-how*, criação e destruição de fortalezas, bem como o acúmulo e neutralização das grandes riquezas.

D'Aveni também oferece um conjunto de princípios para navegar no mundo hipercompetitivo. Para isso, ele reinventa uma famosa estrutura desenvolvida pela consultoria de negócios McKinsey. O modelo original dos 7S especificava vários fatores internos que precisavam estar combinados para contribuírem com a vantagem competitiva: estrutura (*structure*), estratégia (*strategy*), sistemas (*systems*), estilo (*style*), habilidades (*skills*), pessoas (*staff*) e metas superordenadas (*superordinate goals*). Entretanto, argumenta D'Aveni, a ideia de encaixe trata mais de manter um estado particular do que de evoluir uma série de vantagens. Essa é uma abordagem inflexível, inadequada para a hipercompetição.

Ele então oferece sua própria versão do modelo dos 7S. D'Aveni acredita que três coisas são necessárias para que empresas perturbem o mercado: uma visão sobre como balançar e perturbar mercados; algumas competências requeridas para romper o *status quo*; e as táticas certas a serem aplicadas em situações hipercompetitivas e durante perturbações.

Para obter sucesso nessas áreas, as empresas devem usar os sete fatores do novo modelo dos 7S proposto por D'Aveni. São eles: primeiro, o foco nos *stakeholders*, segundo, a previsão estratégica (visão), focando nos participantes principais como consumidores e empregados, prevendo o que os consumidores irão desejar no futuro. Terceiro e quarto são velocidade e surpresa (competências), movendo-se rapidamente para tirar vantagem de oportunidades e destruir os contra-ataques dos concorrentes sem que eles tenham previsto isso. Como D'Aveni aponta, a IBM era aparentemente invencível, mas a Dell a surpreendeu com suas vendas diretas e modelo de distribuição, pegando a *Big Blue* desprevenida.

Ainda existem três fatores referentes à tática. O quinto fator é a mudança das regras, em que uma empresa faz algo que altera a dinâmica do mercado e a forma que ele opera. O sexto, sinais, quando uma empresa usa seus anúncios de intenção estratégica para dominar seu mercado. Sétimo, ímpetos simultâneos ou sequenciais que são ataques múltiplos destinados a enganar e estontear concorrentes por meio de vários desenvolvimentos, como o lançamento de produtos.

Hiperconversação

Face a face, D'Aveni tem os ares de um personagem de Damon Runyan: um homem grande com opiniões incisivas, sagaz ao abordar grandes ideias.

Conte-nos sobre a gênese de Hypercompetition: Managing the Dynamics of Strategic Maneuvering:
O livro saiu por causa de um acontecimento esquisito. Fui até Cape Cod, em Massachusetts, passar as férias, e um furacão chamado Bob apareceu. Enquanto eu estava lá, ele derrubou toda a rede elétrica por uns quatro dias. Quando a eletricidade voltou, a CNN estava passando um programa sobre a queda da União Soviética. Eu não fazia ideia de que uma coisa como essa pudesse acontecer em tão poucos dias. Foi uma das mudanças econômicas e políticas mais importantes da nossa geração.

Então refleti e disse a mim mesmo: estou ensinando a todos esses alunos planos de longo prazo e estratégias consistentes. Como podemos realmente fazer isso em um mundo no qual mudanças significativas acontecem do dia para a noite? Como proceder se, mesmo que tivéssemos todos os recursos da Agência Central de Inteligência (CIA), ainda assim não conseguimos perceber que aquilo iria acontecer? Pensei comigo mesmo: "Devo ser uma fraude", e decidi sentar e escrever um livro que tratasse das vantagens insustentáveis em um mundo imprevisível, em vez da visão tradicional de estratégia.

Então você descreveu o mundo no qual estamos agora?

Sim, isso mesmo. Apesar de achar que o mundo tornou-se ainda mais maluco desde 1994, hoje há, de fato, uma hipercompetição extrema. É ainda mais relevante agora do que era quando a apresentei. A ideia central era que vantagens estavam se tornando insustentáveis devido à globalização e à ruptura tecnológica. A globalização está acelerando por causa da ascensão da China e da Índia, e da queda das barreiras de entrada em vários outros países. É claro, a tecnologia não desacelerou; está se expandindo. A Internet, que antes era considerada revolucionária, agora está acessível em qualquer lugar, e ainda possui o mesmo efeito radicalizador em muitos, muitos mercados. Nós apenas não falamos mais sobre isso, porque é tão endêmico em qualquer mercado.

Em um mundo tão desordenado, caótico, não é uma ilusão pensarmos que podemos planejar o futuro nos mínimos detalhes?

Sim, esse é o sentido da hipercompetição. O que defendi é que havia uma necessidade de estratégia de longo prazo, estratégias de sequência, de inúmeras vantagens de curto prazo e a exploração do caminho adiante, tal qual Lewis e Clark encontraram a Passagem do Noroeste para o pacífico. Apenas sabemos em qual direção estamos seguindo, quando vamos de um morro ao outro, procurando pelo próximo cume. Não podemos mapear o caminho do início ao fim como talvez pudéssemos há 20 anos, quando as coisas eram estáveis. Não temos como saber aonde vamos chegar em um mundo como este, e precisamos nos acostumar com as incertezas. Precisamos ter tolerância neste tipo de mundo, assim como fé e coragem para seguirmos em frente, de um morro ao outro, e não cairmos na armadilha intelectual de achar que é necessário continuar com a mesma confiança que se tinha um ou cinco anos atrás, porque isso não nos levará a lugar algum.

Esferas e revoluções

Um ávido leitor de estrategistas militares e de Sun Tzu, D'Aveni foi observar esferas de influência e medidas contrarrevolucionárias. Essas contramedidas foram traduzidas em cinco respostas estratégicas que estavam correlacionadas com diferentes estágios revolucionários. Detecte uma revolução o quanto antes e as empresas poderão usar uma abordagem de *contenção*, diz D'Aveni. Lance alguns obstáculos e torça para acabar com a revolução antes que ela comece, ou pelo menos ganhe algum tempo para implantar a segunda estratégia. Este próximo passo é tentar *moldar* a revolução de maneira que as novas tecnologias ou modelos de negócio complementem, e não substituam, as tecnologias estabelecidas. Se isso falhar, a empresa tem algum tempo para avaliar se consegue modificar e *absorver* as novas tecnologias.

No entanto, algumas revoluções aceleram muito rápido para que sejam suprimidas, moldadas ou absorvidas, explica D'Aveni. Neste caso, as empresas precisam ser mais agressivas. Uma opção é tentar *neutralizar* os desafiantes da maneira mais direta possível; por exemplo, oferecendo vantagens competitivas de graça temporariamente. Ou o líder de mercado pode tentar evitar a revolução, utilizando estratégias de *anulação*.

No seu conceito de esferas de influência, D'Aveni desenhou um conceito geopolítico geralmente aplicado a nações. Esferas de influência são uma resposta parcial aos desafios fundamentais que as empresas enfrentam. Como D'Aveni coloca: "Para o portfólio de negócios da empresa e suas posições geográficas no mercado, qual padrão lógico pode ser utilizado para consolidar e defender uma posição favorável dentro da sua indústria?".[3]

Esferas de influência são "a melhor maneira para negócios bem-sucedidos estabelecerem e manterem a ordem e criarem indústrias lucrativas".[4] Essas esferas são formadas por várias camadas, cada qual com sua própria intenção estratégica. No núcleo está o produto, o serviço, ou o mercado geográfico que forma a base do poder e dos lucros da empresa. Ter competências essenciais focadas nessa área não é suficiente para criar uma esfera de influência; além disso, a empresa deve exercer dominância e liderança de valor sobre seus mercados principais (core markets) e manter o controle, repelindo possíveis usurpadores.

A próxima camada da esfera, a partir do núcleo, é a de interesses vitais. Estes são os produtos, os serviços e as zonas geográficas críticas para o núcleo. Perca nesses mercados, e o efeito dominó vai ameaçar o deslocamento da empresa para fora de sua posição primária no núcleo. Além do reino dos interesses vitais, existem as zonas de segurança: mercados que são dispensáveis, e como tal oferecem proteção contra incursões de rivais.

As duas zonas restantes envolvidas na criação da esfera de influência são, primeiro, as zonas cruciais que possuem o potencial para alterar o balanço de poder competitivo no futuro; as empresas podem manter um interesse preventivo nesses mercados. Segundo, existem as posições avançadas. Esses produtos ou serviços da linha de frente estão próximos do núcleo de rivais importantes. Entretanto, quando as rivais têm, por sua vez, posições avançadas próximas de outras rivais importantes, cria-se uma situação de destruição mútua assegurada, um "impasse mexicano" no qual nenhuma das empresas está preparada para arriscar uma aproximação do núcleo de suas rivais por medo de que seja atacada de maneira similar.

Uma vez que esteja bem estabelecida, diz D'Aveni, uma esfera de influência é "um poderoso arsenal que permite a uma empresa projetar seu poder e dominar o maior espaço competitivo de sua indústria... ela também permite que gestores astutos convençam aqueles de fora da esfera a estabelecerem-se dentro de suas próprias fronteiras bem definidas".[5]

A ameaça da comoditização

No final dos anos 2000, D'Aveni havia focado sua visão em uma ameaça relativamente nova e cada vez mais comum enfrentada pelas empresas: a *comoditização* de seus produtos e serviços. Seja por meio de rivais mais baratas, inovações tecnológicas, seja por produtos substitutos, comoditizar e cair no que D'Aveni chamou de armadilha das *commodities* tinham "o potencial de destruir mercados inteiros, perturbar indústrias e levar empresas bem-sucedidas à falência".

Você disse que a comoditização é a mais nova manifestação de hipercompetição. Pode nos explicar isso?

Comoditização é uma das formas mais agresivas de hipercompetição. Comoditização é o processo de um diamante que tem suas faces gradualmente desgastadas pelo vento, água e manuseio, até que ele simplesmente se transforma em uma pedra bruta. Algo parecido acontece com os produtos. Produtos que se comoditizam basicamente vão de diferenciados até um estágio em que perdem sua singularidade. A maioria das pessoas pensa que a solução é criar um processo de diferenciação contínuo para de novo esculpir novas faces na pedra. O problema é que qualquer um pode fazer exatamente a mesma coisa. A imitação agora é tão rápida que corremos cada vez mais depressa apenas para ficar no mesmo lugar. Como a Rainha de Copas em *Alice no País das Maravilhas*, corremos tão rápido que não chegamos a lugar algum.

A primeira armadilha das commodities que você descreve é a deterioração. Como ela funciona, e qual seria um exemplo?

Acontece que nem toda a comoditização ocorre da mesma maneira. As pessoas costumam usar apenas uma palavra para ela, mas na verdade ela possui três cabeças. Uma das cabeças é a deterioração. Esse método de comoditização é geralmente forjado por uma empresa com preços baixos. Essa empresa oferece preços tão baixos que as pessoas compram unicamente por causa do preço. Outras empresas precisam então lidar com o poder de mercado dela, e então começam a afundar nesse buraco de preços baixos e pouca qualidade; na prática, destruindo suas próprias vantagens. Como alternativa, elas mudam e ficam estagnadas em nichos minúsculos.

Observando diferentes indústrias e empresas, com o Walmart no varejo e o Ryanair ou a Southwest segmento de companhias aéreas, tem havido basicamente três respostas: obter vantagem, escapar ou minar essa armadilha. Minha resposta favorita é, em vez de sucumbir ao poder de mercado dessa empresa com preços baixos, buscar miná-la. Várias estratégias diferentes vêm à tona na minha pesquisa sobre como minar a estratégia de uma empresa que pratica preços baixos. Uma delas é encontrar um modo de tornar o seu poder obsoleto. Outra é aplicar uma das armadilhas de *commodity* – a proliferação – contra a empresa de preços baixos para, basicamente, tirá-la do mercado atacando-as aos poucos de várias direções.

Então existe a deteriorização, a proliferação, e a última cabeça do monstro que é a escalada?

Sim, isso mesmo. E essa é a mais difícil de derrotar, porque o impulso é cumulativo. Imagine um mapa de preço *versus* qualidade, e encontramos os jogadores movendo-se em direção ao canto do preço baixo e alta qualidade. É um jogo do tipo "que vença o melhor". Cada jogador aumenta sua qualidade, diminui seu preço, e o próximo jogador precisa igualar. Começa a se tornar algo parecido com a crise dos mísseis em Cuba, mas é uma corrida armamentista rumo ao abismo, porque o primeiro que chegar lá explode a si mesmo. Você acaba oferecendo o seu produto por quase nada.

Então a pergunta é: "Você consegue controlar o impulso que leva a isso?". As soluções possíveis são reverter esse impulso em uma direção, desacelerar ou congelar o impulso, ou aproveitar o impulso para mover-se mais rápido que os outros em direção ao ponto de *commodity*. Assim, quando você leva todo mundo para o penhasco da *commodity*, você pula e altera as dimensões do mapa para que não esteja mais jogando na mesma escala de qualidade, e o resto da indústria se atira no inferno da *commodity*.

Para continuar com nossas metáforas, a crise financeira revelou outro elemento da comoditização, que é a evaporação. Você poderia nos contar mais sobre isso?

Sim, esse é um problema específico que aparece durante a recessão. A evaporação da demanda é simplesmente as pessoas parando de comprar. Elas compram tão pouco que todas as empresas precisam baixar seus preços se quiserem vender alguma coisa. Há um excesso de capacidade, e uma enorme competição de preços ocorre em decorrência disso. Portanto, a evaporação não é exatamente uma armadilha de *commodity* no sentido tradicional. Não é o mercado destruindo as faces do diamante; é, na verdade, um problema temporário de períodos recessivos. E aqui a solução é reconhecer que você está em uma grande tempestade e fechar as escotilhas. Você também aprende a flutuar com as mudanças, de modo que consegue ser bastante flexível enquanto os acontecimentos se desenrolam. E então, finalmente, você está pronto para ficar de pé quando a tempestade diminuir.

Nesses momentos tumultuados, a estratégia ainda é importante? Ela ainda faz diferença?

Sim, pelo menos se você fizer do jeito certo. Ainda mais hoje em dia, eu acho. Grande parte disso é posicionar-se para o futuro, observando como você pode consolidar a indústria, para que, quando você tiver terminado, a indústria consiga funcionar sem excesso de capacidade e procurando métodos para cooperar com o governo, como nos serviços financeiros. O setor de serviços financeiros não quer saber, mas o governo vai assumir um controle muito maior sobre as corporações individuais, e essa é uma grande oportunidade, não uma ameaça. Em Wall Street, eles enxergam isso como ameaça, mas se impusermos regulações e cooperarmos para implantar todos os tipos de regras para evitar outra crise de crédito, seremos capazes de criar enormes barreiras de entrada e também um mundo no qual seremos um dos últimos sobreviventes. Hoje a estratégia do último sobrevivente (*last man standing strategy*) já está sendo implantada em várias indústrias.

Como um estrategista mantém o contato com o mundo real?

Basicamente, sou um importador e exportador de ideias. Absorvo tendências gerais que observo no mundo todo e aquilo que os CEOs que convido para minhas aulas dizem; nos últimos dois anos, tive cerca de 60 CEOs da Fortune 500 participando das minhas aulas. O que faço então é procurar por tendências e importá-las das fronteiras industriais para novas situações.

Vou a várias empresas nas quais as pessoas dizem: "Não podemos fazer isso; não é possível". E eu consigo apontar o problema: "Bem, por que isso é possível nesses outros locais ou nessas outras indústrias?". Assim, extrapolo os limites daquilo que muitas pessoas estão pensando.

CAPÍTULO
5

Explorando oceanos azuis

Há uma década fomos guiados pelas ruas de Barbizon, uma vila no norte da França, conhecida como *village des peintres*, lar do artista do século XIX Jean-François Millet. Nossos guias foram os professores W. Chan Kim e Renné Mauborgne. "Este lugar é um centro criativo", disse Kim, sorrindo largamente enquanto outro grupo de turistas descia do ônibus.

Em seguida, os professores Kim e Maubourgne começaram a organizar seus planos de aproximar gestores de diferentes empresas globais para trabalharem em projetos interindustriais e interempresariais, de modo a conectar ideias inovadoras com grandes oportunidades comerciais. Essa ideia pareceu improvável em uma manhã chuvosa de inverno na França, mas tamanho era o entusiasmo dos dois que deixamos de lado nosso ceticismo natural. No final da década, estávamos presentes em uma reunião de gabinete de um governo asiático, e a aplicação prática das ideias de Kim e Mauborgne estavam no topo da pauta.

Kim, nascido na Coreia, e a norte-americana Maubourgne conheceram-se na University of Michigan Business School, nos anos 1980. Naquela época, Kim era professor e Mauborgne, estudante. Os dois acadêmicos trabalham juntos desde então, tanto nos Estados Unidos, na INSEAD, quanto na Ásia. Como diz Kim: "Estivemos em uma longa jornada, dividindo a curiosidade intelectual de entender o que é necessário para diferenciar-se e criar crescimento forte e lucrativo".

O artigo que traçou seu caminho para o sucesso no campo da estratégia foi "Value Innovation: The Strategic Logic of High Growth", publicado em 1997 na *Harvard Business Review*. Kim e Mauborgne lançaram a pergunta: "Por que algumas empresas têm êxito em alcançar crescimento elevado contínuo tanto nas receitas quanto nos lucros?"

A resposta, eles afirmaram, está ligada à abordagem das empresas sobre estratégia. Em vez de estarem focadas em ficar à frente da competição, empresas de sucesso procuram tornar a competição irrelevante, ao adotarem uma lógica estratégica que o autores chamam de *inovação em valor*.

Inovadores em valor se diferenciam nas cinco dimensões principais da estratégia:

1. **Pressupostos sobre a indústria.** Inovadores em valor pressupõem que serão capazes de alterar e moldar as condições da indústria.
2. **Foco estratégico.** Em vez de reagir aos rivais – deixando que eles definam os parâmetros para a competição – e oferecer algo similar, porém melhor, os inovadores em valor reinventam o mercado, dando um grande salto nos valores oferecidos.

3. **Consumidores.** Em vez de focar em segmentação e customização para refinar as necessidades divergentes dos consumidores, inovadores em valor concentram-se nas convergências da maioria dos compradores.
4. **Ativos e capacitações.** Inovadores em valor não ficam limitados a ver oportunidades de negócio por meio dos ativos e capacitações existentes, frequentemente optam por uma abordagem nova para criar mais valor.
5. **Oferta de produto e serviço.** Empresas convencionais operam dentro de um espaço definido pelos produtos e serviços que suas indústrias tradicionalmente oferecem. Inovadores em valor buscam soluções para os consumidores que possam ser encontradas ultrapassando a cadeia de valor, mesmo que isso signifique entrar em um novo negócio.

Em seu artigo, Kim e Mauborgne também introduzem uma nova ferramenta, a curva de valor, para mapear inovação de valor, bem como outra nova ferramenta para gestores: o mapa pioneiro-migrante-conformado (*pioneer-migrator-settler map*) – uma matriz de três por dois na qual as empresas podem delinear seus portfólios atuais e planejados para ver como eles estão balanceados em termos de crescimento potencial.

Continuando o desenvolvimento de suas ideias em *Creating New Market Space*, publicado em 1999, Kim e Mauborgne descreveram seis padrões de comportamento das empresas "sobre a forma como elas criam novos mercados e recriam os já existentes". Cada padrão de comportamento envolve um novo aspecto do negócio de uma empresa. Uma empresa que cria um novo espaço no mercado foca-se em indústrias substitutas, e não em rivais dentro de sua própria indústria; em grupos estratégicos dentro das indústrias, e não na posição competitiva dentro do seu próprio grupo estratégico; na cadeia de compradores, redefinindo o grupo de compradores do seu negócio; na oferta de produtos e serviços complementares, além das fronteiras de sua própria indústria; no apelo funcional ou emocional para os compradores, desafiando os preços e as ofertas da empresa; e, ao longo do tempo, em antecipar como o seu mercado pode gerar valor no futuro.

Em seu artigo "Charting Your Company's Future", de 2002, Kim e Mauborgne observam o processo do planejamento estratégico. Para a maioria das empresas, eles argumentam, falta clareza no processo de planejamento estratégico. No seu lugar, especialistas em estratégia defendem o conceito de *canvas (ou quadro) de estratégia (strategy canvas)*. O processo envolve pintar um quadro da situação "como ela é", e identificar onde as mudanças são necessárias, utilizando pesquisas de campo e *insights* para traçar o quadro estratégico de "como ela será"; e então revisá-lo por meio de um processo de *feedback*, focando em projetos e ações que preencham as lacunas entre os dois quadros estratégicos.

"Primeiro, olhamos para as empresas que conseguiram driblar a competição", explica Kim. "E então seguimos para formas de criar um novo espaço no mercado – as empresas precisam encontrar uma maneira de pensar e agir fora do convencional se elas quiserem superar a competição. Nossa ideia de "processo justo" considera a tomada de decisão dos gestores, e o que é necessário para construir e executar o pensamento criativo. Recentemente, olhamos para formas de identificar ideias vencedoras de negócio e determinar em qual delas apostar. Selecionar uma ideia inovadora para o sucesso comercial é um componente estratégico fundamental da inovação de valor".

Você pode nos dar uma definição de inovação de valor?

Mauborgne: Inovação de valor é a criação de um conjunto sem precedentes de serviços com baixo custo. Não se trata de fazer trocas compensatórias (*trade-offs*), mas de buscar simultaneamente valor excepcional e custos baixos.

Embora vocês se considerem puramente acadêmicos, parece haver uma inclinação populista no seu trabalho. Vocês estão fazendo perguntas básicas sobre negócios, em vez de postular hipóteses abstratas.

Mauborgne: Nós perguntamos: "Quem está fazendo coisas interessantes?". Perguntamos: "O que torna empresas interessantes, confiantes e fortes?". A inovação é a vida de uma empresa, e nos divertimos olhando para dentro delas – tanto líderes quanto *laggards* (empresas mais conservadoras e resistentes a mudanças) – para entender o caminho à frente.

Temos uma curiosidade natural. Por isso, enquanto nossa pesquisa progride, criamos novas hipóteses: por que empresas param de inovar e o crescimento desacelera? Como encontrar *a* ideia mais rápido? Como colocar preço em algo que nunca foi vendido antes?

Seu trabalho sugere que as companhias geralmente não possuem insight na base da sua competitividade. Elas não possuem tantas respostas para as perguntas que vocês fazem.

Mauborgne: É verdade. As empresas geralmente não são claras em relação aos fatores em que elas competem. Elas raramente pensam sobre indústrias alternativas: o amplo espectro de indústrias que oferecem produtos ou serviços similares. Se você der a uma empresa 20 quesitos nos quais competem, elas vão concordar com a metade e contestar o restante.

Esta é, em grande parte, a razão pela qual as organizações estão desgastadas e com pouca dinâmica criativa. E como as empresas geralmente não têm uma estratégia clara e envolvente, que todos compreendam e que a diferencie das outras, os projetos realizados muitas vezes puxam a organização em direções variadas. Individualmente, pode-se justificar cada um dos projetos, porém coletivamente, como não são guiados por uma estratégia unificada, as ações não constroem ganhos significativos.

A estratégia, na nossa percepção, deve ser construída em torno de inovação de valor.

Kim: Nosso ponto é que valor e inovação são, ou deveriam ser, inseparáveis. A inovação de valor dá igual ênfase para valor e inovação. Valor sem inovação pode incluir criação de valor que simplesmente melhore as crenças já existentes dos compradores. Inovação sem valor pode ser demasiadamente orientada para a tecnologia.

O erro foi equiparar inovação com avanços tecnológicos?

Kim: Sim. Inovação de valor é um conceito estratégico diferente de criação de valor ou inovação tecnológica. Existem muitos exemplos de empresas que desenvolveram tecnologia, mas falharam em capitalizar em cima dela. Em termos de tecnologia de gravação de vídeo, a Ampex [Corporation] foi a líder, tecnologicamente falando, nos anos 1950. Mas inovadores em valor como a JVC e a Sony trouxeram a tecnologia para o mercado de massa. Existem também muitos exemplos de verdadeira inovação de valor ocorrendo sem novas tecnologias. Veja a rede de cafeterias Starbucks, a varejista de móveis IKEA, a casa de moda Ralph Lauren ou a companhia aérea Southwest Airlines. Eles estão em negócios tradicionais, mas cada um é capaz de oferecer um valor novo e superior por meio de ideias inovadoras e conhecimento.

O poder da inovação de valor está em convencer as pessoas a gerarem sabedoria coletiva de maneira construtiva. Inovação de valor significa que a gama de divergências vai diminuindo até que a criatividade exploda. A inovação de valor está preocupada, fundamentalmente, em redefinir as fronteiras estabelecidas de um mercado. Se você oferece aos consumidores valor melhorado, ou cria um conjunto de serviços inéditos para gerar novos mercados, a competição deixa de ser importante. Em vez de jogar no mesmo campo, você criou um novo.

Mauborgne: A inovação de valor permite que empresas desloquem a fronteira de produtividade para um novo terreno. Melhorias vão somente até aí. A inovação de valor busca desafiar suposições estabelecidas sobre determinados mercados, mudando o modo como os gestores estruturam as possibilidades estratégicas.

A inclinação das empresas em criar novos mercados poderia ser a força por trás da inovação de valor?

Mauborgne: Fundamentalmente. A inovação acontece além das indústrias, além dos países, além das empresas. São forças universais. Portanto, é irrelevante categorizar organizações por setor ou localização geográfica. Contudo, se você observar a literatura sobre estratégia, as fronteiras das indústrias geralmente são consideradas centrais; pense na análise SWOT ou no modelo das cinco forças de Porter.

Quando viemos para a Europa, encontramos empresas que estavam fazendo a transição de "orientadas pela oferta" (tentando vencer a competição) para "orientadas pela demanda", criando mercado e novos espaços de negócio. Nos Estados Unidos, haviam empresas como a Home Depot que eram aclamadas por serem diferentes e estavam criando novas riquezas.

Na Europa, descobrimos uma nova veia de exemplos, empresas que estavam inovando: empresas como a cadeia de hotéis Formule 1 ou a Bert Claeys na Bélgica. A Formule 1 teve uma nova visão em relação ao mercado de hotéis de baixo custo na França, e criou hotéis atraentes tanto para caminhoneiros quanto para executivos. O grupo Bert Claeys criou um novo espaço de mercado em torno das salas de cinema na Bélgica, quando se recusou a aceitar as percepções correntes sobre o que, na época, era uma indústria em declínio. A Bert Claeys ignorou o declínio no longo prazo e criou o primeiro cinema *megaplex* do mundo, com 25 telas e espaço para 7.600 pessoas.

Quando conversamos com essas empresas, seus gestores disseram praticamente as mesmas coisas que seus parceiros norte-americanos. Havia um padrão nas suas estratégias. A grande questão para eles não era necessariamente inovação em tecnologia ou ciência, mas sim fazer a inovação agregar ao valor que eles entregavam aos clientes.

Você pode explicar isso um pouco melhor?

Kim: Algumas empresas costumavam se concentrar nas diferenças entre diferentes grupos de consumidores. Eles os separaram em segmentos ainda menores para poder customizar sua oferta para as necessidades desses segmentos. Descobrimos que inovadores em valor têm uma abordagem diferente. Em vez de olharem para as diferenças entre os consumidores, eles focam nas similaridades básicas entre eles. Quando as empresas criam valores inéditos nessas similaridades, a essência do mercado vem em direção a elas, à medida que os consumidores aceitam abrir mão de suas preferências individuais. A inovação de valor agrupa e desestabiliza as fronteiras de mercado estabelecidas ao desafiar a ordem de mercado vigente. Ao contrário do modelo de estratégia baseado no determinismo ambiental orientado pela competição, a inovação de valor tem uma visão construcionista de mercado, em que o foco é moldar o mercado por meio de reordenações cognitivas no pensamento estratégico de gestores.

Como as empresas podem usar inovação de valor para criar novos espaços de mercado?

Mauborgne: O desafio é criar nova demanda, o que chamamos de espaço de mercado. Criar um novo espaço de mercado é criar o futuro da empresa. As empresas podem continuar extraindo sua riqueza de um espaço de mercado existente; isso é manutenção. Elas podem se concentrar em participação de mercado. Mas existe algo mais: o ato da criação. Criar um novo espaço de mercado se torna cada vez mais importante.

Criar um novo espaço de mercado gera crescimento, existem dois caminhos que levam a ele. Um é o caminho das fusões e aquisições, que em geral leva ao crescimento, mas raramente leva ao crescimento lucrativo. O outro é o crescimento orgânico, alcançado pela criação de novos negócios. Embora esse caminho seja lucrativo e necessário, em mercados nos quais a oferta excede a demanda, as empresas costumam ficar hesitantes, pois elas não têm um caminho seguro que as permita acreditar que possam ser bem-sucedidas em tempos de mudança. Elas precisam de uma ponte para chegar lá. Temos esperança que algumas das ideias e análises que estamos desenvolvendo ajudem as empresas a construir esta ponte.

O que mais é necessário para que as empresas cresçam?

Kim: Outro elemento é o nosso conceito de processo justo. É sobre pessoas. Para haver transformação, é preciso que as empresas recebam o comprometimento intelectual e emocional dos seus funcionários. Para que isso aconteça, é necessário um certo grau de igualdade ao tomar e executar decisões. Todos os planos de uma empresa podem não resultar em nada se não tiverem o apoio dos seus empregados.

Se você violar o processo justo, o resultado pode ser devastador. A British Airways perdeu muito espaço na motivação dos funcionários e no serviço aos clientes, depois que anunciou um programa de redução de custos em um momento em que seus lucros estavam altos e seus aviões estavam cheios. Ela violou o processo justo ao fazer esses planos. Não houve comprometimento, explicação ou clareza em relação às expectativas.

O processo justo é baseado na necessidade humana básica de reconhecimento intelectual e emocional. Sem isso, pode ser difícil para as empresas alcançarem algo que seu pessoal geralmente apoiaria.

Quais as principais perguntas que as empresas precisam fazer a si mesmas se elas quiserem adotar este processo justo?

Mauborgne: Primeiro, elas precisam questionar se conseguem engajar as pessoas nas decisões que as afetam. Elas pedem a opinião das pessoas e as permitem rejeitar as ideias uns dos outros? Elas explicam o motivo das decisões, e por que algumas opiniões são ignoradas? E depois que uma decisão é tomada, ela é claramente exposta de maneira que as pessoas compreendam os novos padrões, objetivos, responsabilidades e penalidades? Os grandes fabricantes de veículos norte-americanos têm histórico de quebra do processo justo, e vêm pagando o preço nos resultados até hoje.

Vocês entraram no mundo das previsões com seu trabalho que trata de identificar ideias vencedoras de negócios. Com certeza isso é mais uma forma de arte do que de ciência.

Mauborgne: Criamos três ferramentas analíticas para ajudar gestores a identificarem ideias vencedoras de negócio, independentemente do espaço de mercado que a empresa ocupe ou tenha criado.

A primeira é o mapa de utilidade para o comprador, que indica a probabilidade dos clientes serem atraídos por uma nova ideia. Essa matriz é baseada em seis estágios da experiência de compra, desde a facilidade de encontrar um produto até a facilidade de eventualmente jogá-lo fora; e seis alavancas de utilidade para o consumidor, que vão desde um ambiente amigável até a melhoria da produtividade do cliente. As inovações deveriam ocupar tantos quadrantes da matriz quanto possível, embora seja improvável que elas ocupem mais do que três ou quatro.

A segunda ferramenta, o corredor de preço das massas, identifica qual preço irá atrair o maior número de consumidores. Isso é feito por meio da análise e comparação de seus preços com os da concorrência (*benchmarking*), não apenas de produtos similares, mas também de produtos diferentes que exercem a mesma função. Por exemplo, empresas áreas que operam curtas distâncias não competem apenas com outras companhias aéreas, mas também com ônibus, trens e carros.

A terceira ferramenta, o guia modelo de negócios, é um modelo para calcular como uma empresa consegue desenvolver um produto ou serviço inovador dentro do preço-alvo. Inclui alternativas como direcionamento de custos e oportunidades para terceirização e sociedade.

Se você utilizar as ferramentas, a inovação de fato virá?

Mauborgne: Não necessariamente. Primeiro, a inovação, como todas as outras ações estratégicas, sempre envolverá oportunidades e riscos. As nossas ferramentas foram desenvolvidas para ajudar no aumento sistemático da probabilidade de sucesso, aumentando as chances de sucesso das oportunidades e diminuindo as chances de riscos. A inovação frequentemente precisa superar obstáculos de adoção. Pode haver resistência dos participantes, tanto dentro quanto fora da empresa. Funcionários, parceiros de negócios, e o público em geral podem resolver esses problemas. A chave é discutir abertamente com esses participantes o impacto e as ramificações da inovação. Pense em comida geneticamente modificada. O que teria acontecido se a Monsanto tivesse aberto as discussões aos participantes? Talvez, em vez de ser vista como vilã, poderia ter virado a inteligência por trás da comida do futuro, a fornecedora da tecnologia essencial.

Vocês continuam encontrando inovadores em valor fazendo coisas interessantes que são desconhecidas?

Mauborgne: Constantemente. A periferia existe em países menos desenvolvidos, e em países que não são conhecidos por inovação de valor. Como exemplos de empresas periféricas, a companhia húngara de ônibus NABI, que vem rapidamente dominando o mercado de empresas de ônibus dos Estados Unidos, ao mudar a curva de valor da indústria; e o Cirque du Soleil, o circo canadense que levou ao renascimento e redefinição da indústria circense. O Cirque du Soleil mistura duas indústrias, circo e teatro, e, ao fazer isso, ultrapassa os circos Ringling Brothers e Barnum & Bailey, atraindo para o mercado circense todo o público adulto a um preço muito maior do que o circo tradicional. Existe também a companhia francesa JCDecaux, fornecedora líder de espaço publicitário em outdoors. A JCDecaux criou um espaço totalmente novo na indústria ao converter paradas de ônibus e estações de metrô em espaços publicitários altamente desejáveis. Os municípios ganham com esse tipo de publicidade externa que além de estilosa é gratuita, e a JCDecaux ganha ao vender os espaços publicitários mais cobiçados da cidade.

Mas certamente é difícil reproduzir essas organizações periféricas, e talvez até seja pouco aconselhável, ou impossível. A P&G não é o Cirque du Soleil.

Kim: Empresários sempre dizem que existem questões de cultura, de mercado de ações, de regras e regulações, e assim por diante. Contudo, sempre que mostramos o exemplo da Formula 1, as pessoas dizem: "Por que não posso fazer isso na minha indústria?". O desafio não é imitar o que essas empresas fizeram, mas compreender o processo de pensamento que permitiu que elas criassem um novo mercado e inovações em valor. As empresas consideram esse desafio inspirador. Aprender a pensar de forma diferente sobre oportunidades e riscos, ousando movimentar-se adiante no futuro – isso é o que mantém as pessoas e as empresas vivas, jovens e em constante crescimento.

Vocês parecem bem preparados para compartilhar comercialmente seus conceitos e a noção de inovação de valor.

Kim: Ganhamos mais disponibilizando gratuitamente a marca registrada da inovação de valor às pessoas, contanto que elas compartilhem seus conhecimentos e achados de pesquisa. É uma abordagem sistêmica aberta. Elas nos dizem o que funciona e o que não funciona. Quanto mais evidência empírica e *feedback* de mercado tivermos, a favor ou contra a nossa hipótese, mais ricos serão os conceitos que usamos para construir a teoria e a prática.

Movimentos e padrões

Foi em 2004 que Kim e Mauborgne encontraram o ouro estratégico com o artigo publicado na *Harvard Business Review* intitulado "Blue Ocean Strategy", e com seu livro homônimo. Eles começaram observando as unidades básicas de análise usadas na época pela literatura de estratégia empresarial: a empresa ou a indústria.

"Descobrimos que o ritmo da criação industrial havia acelerado", diz Mauborgne. "Perguntamos quais indústrias existiam agora que não existiam em 1900. E parece que a maior parte das indústrias que hoje são comuns não existiam naquele tempo. O mesmo pode ser dito olhando apenas para 30 anos atrás. Temos uma capacidade vastamente subestimada de criar novas indústrias. Todos assumem que o número de indústrias permanece o mesmo com o passar do tempo, mas esse não é o caso".

A análise de Kim e Mauborgne sobre a história da indústria revela que nem a empresa, nem a indústria são as unidades corretas de análise para explicar a raiz do crescimento lucrativo. Pelo contrário, eles descobriram que os altos e baixos de uma indústria ou empresa estão fortemente relacionados a algo que chamam de *movimentos estratégicos*. "Para nós, movimento estratégico é o conjunto de ações gerenciais e decisões envolvidas na realização de uma grande oferta comercial de criação de mercados", observaram.

Sucesso duradouro nos negócios não vem da batalha contra a concorrência, pois, enquanto rivais brigam por lucros constantemente menores, a competição acirrada resulta em um sangrento oceano vermelho. O sucesso vem da criação de oceanos azuis: novos espaços de mercado inexplorados e com alto potencial de crescimento.

"No momento em que você assume uma visão determinista para a sua empresa, você se torna uma vítima desse tipo de indústria. Quando você para e se pergunta como criar uma indústria totalmente nova, então você começa a quebrar o ciclo. As indústrias são criadas a partir de grandes ideias, e não de grandes recursos", diz Kim.

Kim e Mauborgne estudaram mais de 150 movimentos estratégicos – movimentos responsáveis por produtos e serviços que abriram e capturaram novos espaços de mercado com um salto significativo de demanda – em mais de 30 indústrias, de 1880 até 2000, para entender o padrão de criação e captura dos oceanos azuis, e como alcançar altos desempenhos.

A estratégia do oceano azul trata de reduzir riscos, não de assumir riscos, eles dizem. É claro, não existe uma estratégia segura. Qualquer estratégia, seja vermelha seja azul, sempre envolverá riscos. Entretanto, quando o assunto é transpor os oceanos vermelhos para criar e capturar oceanos azuis, existem seis riscos principais que as empresas enfrentam: risco de pesquisa, de planejamento, de âmbito, de modelo de negócio, organizacional e gerencial. Os primeiros quatro riscos relacionam-se com a formulação da estratégia, e os últimos dois, com a implementação desta estratégia.

Cada um dos seis princípios citados em "Blue Ocean Strategy" focam diretamente nas formas de mitigar cada um desses riscos. O primeiro princípio – reconstruir as fronteiras do mercado – observa o risco da pesquisa para identificar, dentro das infindáveis possibilidades que existem, oportunidades comercialmente atraentes no oceano azul. O segundo princípio – foco no panorama geral, e não nos números – trata de minimizar os riscos de planejamento de investir muito esforço e tempo para no final entregar apenas movimentos táticos do oceano vermelho. O terceiro princípio – alcance além da demanda existente – relaciona-se com o risco de escopo em agregar a maior demanda para uma oferta nova.

O quarto princípio – acertar a sequência estratégica – fala sobre como construir um modelo de negócios robusto para garantir que você alcance lucros saudáveis dentro da sua ideia de oceano azul, minimizando assim o risco do modelo de negócio.

O quinto princípio – superar os principais obstáculos organizacionais – trata de acabar com os obstáculos organizacionais, ao se executar a estratégia do oceano azul, relacionados com os riscos organizacionais. O sexto princípio – embutir a execução na estratégia – observa como se motiva as pessoas para que elas executem a estratégia do oceano azul no ápice de suas habilidades, sobrepujando riscos gerenciais.

Uma vez que a organização tenha tido uma ideia, tenha desenvolvido uma estratégia de oceano azul inovadora, o próximo passo é implementá-la. Executar a ideia é geralmente o maior desafio. É um desafio que todas as organizações enfrentam.

Kim e Mauborgne identificam quatro obstáculos a serem vencidos durante a fase de implementação da estratégia: cognitivo (chamando a atenção dos funcionários para a necessidade de mudança na estratégia); recursos limitados (quanto maior a mudança na estratégia, maior a quantidade de recursos necessários para efetivá-la); motivação (fazer os jogadores principais da organização apoiarem a mudança); e política.

Alinhando conceitos

Mais tarde, Kim e Mauborgne focaram-se em pontos recorrentes da conversa sobre estratégia e estrutura. Em seu artigo de 2009, "How Strategy Shapes Structure", eles argumentam que existem dois tipos principais de abordagem estratégica. A primeira chama-se abordagem *estruturalista*. O que significa dizer a estratégia que concentra-se na análise do ambiente comercial. Essa abordagem pressupõe, dizem Kim e Mauborgne, que "o desempenho de uma empresa depende da sua conduta, que, por sua vez, depende de fatores estruturais básicos, como o número de fornecedores, compradores e as barreiras de entrada. É uma visão de mundo determinista, na qual a causalidade parte de condições externas até alcançarem as decisões corporativas, que, por sua vez, buscam explorar tais condições".

Mas essa não é a única forma para o desenvolvimento estratégico funcionar, eles argumentam. Como a estratégia do oceano azul demonstra, a estrutura não precisa ditar a estratégia.

"A estratégia do oceano azul tem suas raízes na escola emergente de economia chamada de crescimento endógeno, cujo paradigma central estabelece que as ideias e ações dos jogadores individuais podem moldar o cenário econômico e industrial", escrevem Kim e Mauborgne. "Em outras palavras, a estratégia pode moldar a estrutura. Nós chamamos esta abordagem de *reconstrutivista*".

Embora a visão estruturalista possa ser uma abordagem correta, existem momentos em que a visão reconstrutivista pode ser mais apropriada. O desafio é escolher a abordagem correta.

Ao avaliarmos o movimento correto, devemos considerar três fatores: as condições estruturais em que a organização opera, seus recursos e capacitações, e sua mentalidade. Quando as condições estruturais, os recursos e as capacitações não deixam claro qual abordagem seguir, então a decisão dependerá da mentalidade estratégica da organização. Ao falar de mentalidade estratégica, Kim e Mauborgne sugerem que organizações inovadoras, sensíveis aos riscos de perder oportunidades futuras, terão melhores resultados com uma abordagem reconstrutivista (oceano azul). Empresas que tendem a adotar posições defensivas e evitam ir além de suas atividades essenciais obtêm melhores resultados com a abordagem estruturalista.

Uma vez escolhida a abordagem correta para as circunstâncias, os gestores da empresa devem desenvolver e alinhar uma das três proposições estratégicas: uma proposição de valor que atraia compradores; uma proposição de lucro que permita à empresa ganhar mais dinheiro com a sua proposição de valor; ou uma proposição de pessoas, motivando-as a trabalhar para ou com a empresa de modo a implementarem a estratégia escolhida.

As três proposições estratégicas correspondem ao sistema tradicional de atividades em uma organização. As saídas (*outputs*) das atividades de uma organização são o valor para o comprador e a receita por si só; as entradas (*inputs*) são os custos envolvidos para produzi-las e o pessoal para entregá-las.

"Desse modo, definimos estratégia como o desenvolvimento e alinhamento das três proposições, de forma a explorar ou reconstruir o ambiente industrial e econômico no qual uma organização opera", escreve Kim e Mauborgne.

As abordagens estratégicas reconstrucionista e estruturalista divergem no modo como executam tais proposições.

Como Kim e Mauborgne observam: "Na abordagem estratégica reconstrucionista, o alto desempenho é alcançado quando as três proposições buscam diferenciação e custo baixo. Esse alinhamento a favor da diferenciação e do custo baixo permite que a empresa abra um novo espaço de mercado ao quebrar o *trade-off* de valor-custo".

Falhar na combinação dessas três proposições estratégicas fundamentais é um dos principais motivos que levam ao naufrágio inovações que prometem lançar novos oceanos azuis e criar novos mercados.

Falando sobre o vermelho e o azul

Ao conversarmos, Kim e Mauborgne apresentam personalidades contrastantes. Kim é passional e veemente, Mauborgne é mais comedida. Mas ambos falam a mesma língua estratégica.

Vocês criticam a linguagem usada na discussão sobre estratégias de negócios. Por quê?

Mauborgne: A essência da estratégia de negócios pode ser traçada até a estratégia militar. É por isso que tradicionalmente o campo da estratégia fala em *headquarters* (quartel general), e não de *head office* (escritórios). Em termos de terreno e guerra, existe apenas uma quantidade limitada de espaço. Fundamentalmente, isso explica por que a estratégia de negócios, incluindo a estratégia competitiva, tem predominantemente se preocupado em como dividir algo que já existe. É sobre poder relativo. É um jogo de soma zero, porque você não pode multiplicar a quantidade de territórios disponíveis.

A pergunta é a seguinte: por que o ramo da estratégia assumiu (implícita ou explicitamente) que essa asserção é verdadeira? Embora a estratégia de guerra possa estar limitada a dividir territórios existentes e imutáveis, se existe uma coisa que o mundo nos ensinou nos últimos 100 anos é que, na esfera de negócios, os novos espaços de mercado a serem criados são infinitos. O que é visível, se observamos a história, é que ganhos reais surgem quando pessoas criam um campo complemente novo, um novo espaço de mercado. Você pode criar um jogo em que todos ganham. Você pode criar novos territórios. Pense na quantidade de indústrias que existem hoje que não existiam há 30 anos. Cientificamente, sabemos que a quantidade de compostos químicos que existem não se alterou com o passar do tempo. Mas olhe para o que tínhamos no início: apenas dinossauros. E hoje, combinando esses compostos de várias formas criativas e novas, temos a Starbucks. O que agora podemos comprar em qualquer supermercado supera o que reis como Luís XIV possuíam. As possibilidades são infinitas.

De que maneira tamanha profusão está ligada à sua pesquisa?

Kim: Estudamos mais de 150 anos de informação e descobrimos que o ritmo da criação industrial acelerou. Perguntamos quais indústrias existentes em 1900 ainda existem hoje, e a resposta é que, além das indústrias básicas como a automobilística e a metalúrgica, não existe mais quase nenhuma. Observe as maiores indústrias de 1970, e muito poucas – se alguma – permanecem significativas até hoje. As grandes indústrias que surgiram nos últimos 30 anos são a indústria da informática, software, usinas de energia a gás, celulares e cafeterias, para citar algumas. No entanto, em 1970, sequer uma dessas indústrias existia de maneira significativa, e se passaram apenas 30 anos. O padrão se repete se olharmos para o passado. As grandes indústrias de 1940 não eram as mesmas de 1910, e assim por diante. Nós temos uma capacidade subestimada de criar novas indústrias. Todos pressupõem que a quantidade de indústrias permanece a mesma com o passar do tempo, mas isso não acontece. E se foi nesse setor que o grosso da riqueza foi construído, o campo da estratégia não deveria sistematicamente explorar e compreender os caminhos para a criação de novos espaços de mercado?

A próxima pergunta que fizemos foi como é possível que algumas empresas surjam e outras desapareçam. As empresas citadas em *In Search of Excellence* enfrentaram dificuldades. Então, em seguida, vem um novo *bestseller*, *Built to Last*, afirmando que não se estava considerando um período suficiente de tempo.

Depois, *Creative Destruction* é lançado, e afirma que, se desconsiderarmos os efeitos da indústria, algumas dessas empresas estarão com o desempenho abaixo das expectativas.

Nossa conclusão é que as empresas são a unidade errada de análise, bem como as indústrias. Qualquer empresa é excelente em algum momento. Depende dos seus líderes e gestores. Não existe uma empresa permanentemente ótima, nem uma indústria permanentemente ótima. Mas existem movimentos estratégicos que são permanentemente excelentes. E o movimento estratégico que acreditamos importar de fato é o de criação e captura de novos espaços de mercado.

O que você quer dizer com movimento estratégico?

Mauborgne: Movimento estratégico refere-se às ações dos participantes para conceber, lançar e executar suas ideias de negócios. Em cada movimento estratégico, existem vencedores, perdedores e sobreviventes.

Você pode exemplificar?

Mauborgne: O retrato da indústria automobilística entre 1900 e 1940 pode ser muito instrutivo. O Modelo T da Ford, lançado em 1908, desencadeou o crescimento e a lucratividade da indústria, mudando o foco do veículo potente para o carro das famílias norte-americanas. Isso aumentou a participação de mercado da Ford de 9% para 60%.

O Modelo T foi o movimento estratégico que impulsionou a indústria automobilística. Mas, em 1924, foi sobrepujado por outro movimento, desta vez, o da GM. Ao contrário da estratégia funcional de uma-cor, um-carro, um-modelo adotada pela Ford, a GM criou um novo espaço de mercado apelando para a dimensão emocional de carros diferenciados, "um carro para todos os bolsos e propósitos". Não apenas o crescimento e a lucratividade da indústria automobilística atingiram mais uma vez novos patamares, como a participação de mercado da GM saltou de 20% para 50%, enquanto a da Ford caiu de 60% para 20%.

Por isso, a compreensão do contexto, bem como a adoção de movimentos estratégicos corretos são essenciais para o sucesso. Sempre existirá um debate sobre ascensão e queda de empresas e indústrias. O que a Body Shop fez foi absolutamente brilhante. Ela criou um novo espaço de mercado em uma indústria altamente competitiva. O problema foi que ela não percebeu qual ponto daquele movimento estratégico era brilhante e, quando todos, passaram a imitá-la, precisou começar novamente.

Mas isso não é apenas o ciclo de vida da indústria?

Kim: Não é preciso que exista um ciclo de vida da indústria. Aceitamos que esse ciclo existe, porque nos falam isso. Veja a CEMEX, o terceiro maior produtor mundial de cimento, sediada no México. Ela está desafiando o ciclo de vida da indústria ao criar uma dimensão emocional para seu produto, que também está ajudando a chamar a atenção para o problema da moradia no país. A questão é que, quando as pessoas têm dinheiro, elas gastam com casamentos ou outras cerimônias, com jóias ou presentes caros. A CEMEX, por sua vez, transformou o cimento em um produto emocional ao dizer que se você realmente ama alguém, deveria lhe dar cimento. Construa uma casa para essa pessoa, porque assim você estará lhe dando um lugar para morar, um lar. Em troca, você receberá amor e carinho. E dessa maneira a CEMEX recriou o conceito de cimento como o melhor presente que alguém pode ganhar, pois está ligado ao conceito de lar. Isso levou uma indústria simples a ter altas margens de lucro, e a transformou em uma indústria de crescimento. Algo parecido aconteceu com a indústria do café, que estava morta até a Starbucks surgir.

No momento em que você adota uma visão industrial determinista para sua empresa, você se torna vítima dessa indústria. Quando você para e se pergunta como criar uma indústria totalmente nova, você começa a quebrar o ciclo. Todas as indústrias são criadas não por grandes recursos, mas por grandes ideias.

CAPÍTULO 6

Estratégia em ação

Como a estratégia é desenvolvida? Uma boa estratégia já chega planejada, totalmente formada, com forma pronta e em uma bela embalagem? Ou o processo é mais acidental, desordenado? A abordagem é evolutiva? Como uma estratégia é realmente criada? Tais questões permanecem sendo o tópico de um debate entusiasmado e sem fim. Entre os incentivadores de maior propriedade e mais persuasivos desse debate nos últimos 50 anos, está o acadêmico canadense Henry Mintzberg.

Professor de administração na Universidade McGill, em Montreal, Mintzberg estudou engenharia mecânica na McGill, em 1961, ao mesmo tempo em que se formava em artes.

Trabalhou na indústria, na divisão de pesquisa operacional da Canadian Railways, entre 1961 e 1963. Mas atraído pelo meio acadêmico, retornou aos estudos na Escola Sloan de Administração da MIT, na qual obteve seu PhD em administração.

Sua tese de PhD foi intitulada *The Manager at Work – Determining His Activities, Roles and Programs by Structured Observation* e formou a base para *The Nature of Managerial Work*, uma análise científica sobre o que os gestores faziam e o que não faziam.

Ao mesmo tempo, Mintzberg embarcou em uma segunda linha de pesquisa desafiando as ortodoxias e práticas aceitas da estratégia. Seu trabalho nos anos 70 voltou aos fundamentos da estratégia. O que exatamente é estratégia no contexto organizacional? De onde vêm as estratégias nas organizações? Embora o tópico da estratégia organizacional tenha sido bem explorado na época, tanto na academia quanto na prática, surpreendentemente houve poucas análises do processo pelo qual as estratégias se formam nas organizações. Mintzberg começou a preencher essa lacuna no conhecimento.

Como Mintzberg aponta em seu artigo de 1985 *Strategies, Deliberate and Emergent*, em coautoria com James Waters, a estratégia era tradicionalmente concebida como algo que uma organização pretendia fazer no futuro. Como tal, ela era vista como um processo de análise e planejamento em fases, seguido de implementação. Mintzberg seguiu uma abordagem diferente. Ele teorizou que a estratégia era "um padrão em um fluxo de decisões". Usou esta definição para pesquisar mais facilmente o fenômeno da formação de estratégias, já que era possível separar fluxos de comportamento para identificar padrões dentro destes fluxos. Em especial, Mintzberg conseguiu examinar a relação entre aquilo que os líderes planejavam e pretendiam fazer e aquilo que de fato aconteceu.

Estratégia em ação **107**

O processo estratégico

Mintzberg descreve 10 tipos diferentes de processo estratégico. Nos dois extremos, estão as estratégias deliberadas puras e emergentes puras, embora sejam raramente encontradas. No meio, as estratégias variam de deliberadas a emergentes. A estratégia planejada se origina a partir de um processo formal de planejamento envolvendo a liderança central, e envolve controles formais que ajudam a garantir que ela permaneça no caminho certo. As estratégias empreendedoras têm origem em uma visão central não articulada que pertence a um único líder, geralmente o fundador. A estratégia ideológica é motivada pela ideologia coletiva daqueles envolvidos na organização; é controlada pela doutrinação e socialização e é altamente deliberada.

As estratégias guarda-chuva existem onde há menor controle central. Os líderes estabelecem diretrizes, metas e limites e então permitem que outros operem dentro destas diretrizes e limites para atingirem suas metas. Assim, essas estratégias são uma mistura de deliberadas, emergentes e deliberadamente emergentes. As estratégias de processo também são deliberadas, emergentes e deliberadamente emergentes, já que são muito parecidas com as estratégias guarda-chuva em termos do controle exercido pelas lideranças. Entretanto, neste caso, os líderes controlam o processo estratégico, enquanto deixam o conteúdo a cargo de outros.

Quando a estratégia é impulsionada por indivíduos ou grupos de indivíduos independentes da liderança, Mintzberg a chama de estratégia desconectada. Neste caso, a estratégia é emergente na perspectiva da organização, mas potencialmente deliberada ou emergente na perspectiva do indivíduo que desenvolve a estratégia em questão.

Mintzberg cita como exemplo os lançamentos da National Film Board of Canada no período entre 1940 até a metade da década de 1960, no qual, entre vários filmes, foi lançada uma pequena quantidade de filmes experimentais. Quase todos feitos por um diretor. Na perspectiva da diretoria, a estratégia de filmes experimentais era emergente. Na perspectiva do diretor, entretanto, ela pode ter sido deliberada ou emergente. Não temos como saber, porque o diretor não revelou suas intenções a esse respeito.

A estratégia de consenso é claramente emergente. Ela é originária do consenso entre indivíduos dentro da organização, em que os indivíduos convergem em uma temática particular sem nenhuma intenção anterior. São as ações coletivas, e não as intenções da diretoria central, que estão presentes aqui. Por fim, existem estratégias impostas impulsionadas por circunstâncias externas ou por influência do ambiente. No entanto, mesmo estratégias impostas nem sempre são exclusivamente emergentes, uma vez que costumam ser modificadas de maneira deliberada internamente, dentro da organização.

Os 5 Ps

Em 1987, Mintzberg apresentou cinco definições de estratégia para consideração: plano (*plan*), pretexto (*ploy*), padrão (*pattern*), posição (*position*) e perspectiva (*perspective*).[1] A estratégia é normalmente considerada como um plano, uma ação com intenção consciente desenvolvida com antecedência. Um conceito relacionado é a estratégia vista como um pretexto: uma manobra específica concebida para enganar os adversários. A estratégia como padrão, o foco de grande parte da pesquisa de Mintzberg, é a consistência de comportamento, intencional ou não. A estratégia pode ser uma posição, uma organização se localizando em um ambiente, como Mintzberg a descreve. Essa definição de estratégia está de acordo com as definições anteriores; uma organização pode posicionar-se por meio de um plano como um plano ou como um padrão de comportamento. Finalmente, sugere Mintzberg, existe a estratégia como perspectiva. Nesse sentido, ela é de fato a perspectiva enraizada que a organização possui, seu ponto de vista coletivo e compartilhado sobre o mundo.

Em seu artigo "Crafting Strategy", vencedor do prêmio McKinsey, Mintzberg consolida suas ideias a respeito da formulação de estratégias usando uma metáfora sobre artesanato, especificamente sobre olaria; a esposa de Mintzberg era uma oleira. Artesanato, disse Minzberg, sugere uma situação na qual a formulação e a implementação fundem-se em um processo fluido de aprendizado pelo qual as estratégias criativas evoluem.

Ao mesmo tempo, Mintzberg expandiu seu conceito para incluir os diversos fatores envolvidos na fabricação de estratégias. Gerenciar a estratégia significa principalmente gerenciar a estabilidade, e não instigar a mudança. A habilidade está em saber quando promover a mudança, diz ele. Detectar descontinuidades sutis, quebras nos padrões normais que ameaçam o futuro do negócio é outra habilidade necessária para fabricar estratégias. Gestores também precisam ter um conhecimento pessoal aprofundado sobre seu negócio: custos, cadeia de fornecimento, produtos e consumidores, por exemplo. Munidos desse conhecimento, os gestores devem detectar e administrar padrões de atividade ou comportamento enquanto estão emergindo, e tomar providências para cultivá-los.

Por fim, os gestores precisam balancear e harmonizar mudança e continuidade. Isso envolve julgar quando se continuar explorando estratégias existentes e quando se desfazer de velhos padrões e perseguir novos. O sucesso aqui depende do gestor conseguir misturar passado, presente e futuro.

Nos anos seguintes, Mintzberg explorou várias facetas da estratégia, investigando por que as organizações precisam de estratégias, estratégia e liderança e estratégia na indústria financeira, educação e políticas públicas. Sua próxima grande contribuição foi o livro *The Rise and Fall of Strategic Planning: Reconceiving the Roles for Planning, Plans, Planners*, de 1994. Mintzberg aponta que *The Rise and Fall of Strategic Planning* foi "muito crítico, embora acabe de maneira positiva". O livro de Mintzberg é, no mínimo, um tanto pessimista sobre o estado da estratégia no mundo corporativo. A chave para a visão de Mintzberg é a distinção entre planejamento e pensamento estratégico. O planejamento estratégico atrapalha o pensamento estratégico, ele afirma. O planejamento se preocupa com a análise e a separação de metas em uma série de passos lógicos e racionais. O planejamento é "um sistema formalizado para codificação, elaboração e operacionalização de estratégias que as empresas já possuem".

O pensamento estratégico, por outro lado, é sobre intuição, criatividade e resultados em visões vagamente articuladas sobre direções e objetivos. As ideias estratégicas não surgem no momento esperado; elas precisam de condições certas para emergirem, geralmente – diz Mintzberg – por meio do processo desordenado de aprendizado informal.

Mintzberg identifica uma grande falácia que impede as organizações de abordarem a formulação estratégica de maneira produtiva. Existe a suposição de que "já que a análise engloba a síntese, o planejamento estratégico é a execução estratégica". Isso, por sua vez, é baseado em outras três suposições falaciosas.

A primeira é de que as previsões são possíveis. As técnicas de antecipação são limitadas por assumirem que o futuro se parecerá com o passado. Isso oferece garantias artificiais e leva à criação de estratégias que são passíveis de desintegração, à medida que são ultrapassadas pelos acontecimentos. A paixão pelo planejamento era mais forte durante períodos estáveis, como na década de 1960. Quando o mundo se transforma, os planejadores tentam recriar um passado há muito esquecido.

A segunda falácia é a de que os estrategistas podem estar desconectados do tema de suas estratégias, da realidade da organização. O pressuposto tem sido: se os estrategistas forem retirados das operações, das táticas da rotina organizacional, eles serão capazes de identificar as estratégias de maneira mais eficiente. Os planejadores costumam ficar obcecados pela obtenção de dados concretos, números sobre sua indústria, mercados e concorrentes, e isso aumenta o distanciamento. Os resultados estão restringindo, por exemplo, uma tendência pronunciada "de favorecer estratégias de liderança de custo (enfatizando eficiências operacionais, que geralmente são mensuráveis) sobre estratégias de liderança de produto (enfatizando design inovador ou alta qualidade, que tendem a ser menos mensuráveis)".

Na verdade, os estrategistas precisam entender como a estratégia é realmente formulada dentro de suas organizações. Números não são suficientes. Eles precisam de dados subjetivos: redes de contatos; conversas com consumidores, fornecedores e empregados; precisam observar as conversas de corredor. Para compreender de maneira real e útil a situação competitiva de uma organização, os dados subjetivos precisam ser dinamicamente integrados no processo de planejamento.

"O desenvolvimento de estratégias é um processo imensamente complexo que envolve os mais sofisticados, sutis e, às vezes, subconscientes processos sociais e de cognição humana", escreve Mintzberg. "Embora os dados concretos possam informar o intelecto, são os dados subjetivos que em sua maioria geram sabedoria". Eles podem ser difíceis de "analisar", mas são indispensáveis para a síntese: a chave do desenvolvimento de estratégias. De acordo com Mintzberg, "Estrategistas de verdade precisam sujar as mãos cavando em busca de ideias."

A última falácia identificada por Mintzberg é o pressuposto de que a criação de estratégias pode ser formalizada. A formulação de estratégias tem sido dominada pela ênfase na lógica e na análise. Contudo, essa abordagem altamente estruturada cria bem poucas opções. Alternativas que não se encaixam na estrutura predeterminada são ignoradas. Intuição e criatividade devem desempenhar um papel mais importante. "O planejamento, por sua própria natureza", conclui Mintzberg, "define e preserva categorias. A criatividade, por sua própria natureza, cria categorias e reorganiza aquelas já estabelecidas. Por isso, o planejamento estratégico não pode fornecer criatividade, nem lidar com ela quando surge por outros meios".[2]

No safári

Em sua jornada pela selva da gestão estratégica em *Strategy Safari**, em coautoria com Joseph Lampel, Mintzberg identifica 10 diferentes escolas de formação de estratégias, atualizando e redefinindo sua abordagem original de 1985 sobre tipos de estratégia.

As primeiras cinco são *design* – ajustando a situação interna da organização com o ambiente externo; *planejamento* – planejamento formal desde a análise da situação até a execução da estratégia; *posicionamento*, influenciado pelas ideias de Michael Porter – a estratégia depende do posicionamento da empresa no mercado e dentro de sua indústria; *empreendedora* – estratégia conduzida pelo líder; e *cognitiva* – examinada internamente nas mentes dos estrategistas.

As próximas cinco são *aprendizado* – estratégia como processo emergente no qual à medida que as pessoas passam a compreender a situação e a habilidade da organização de lidar com isso, a estratégia emerge; *poder* – estratégia oriunda de jogos de poder dentro e fora da organização; *cultural* – a formação da estratégia está ligada à força social da cultura; *ambiental* – estraté-

---

* N. de E.: Publicado em língua portuguesa sob o título *Safári de Estratégia*, Bookman, 2010.

Estratégia em ação **113**

gia dependente do que ocorre no ambiente e da reação da empresa; e *configuração* – parte de um processo transformacional.

O problema é que na prática, o pensamento moderno sobre estratégia não se encaixa perfeitamente em uma ou outra das 10 escolas. De modo geral, as abordagens recentes sobre formação de estratégias abrangem várias escolas, seja com um pensamento baseado em recursos, em teoria evolucionária e do caos, estratégia revolucionária, seja em manobras estratégicas.

Mintzberg continua argumentando que precisamos compreender melhor o modo como a estratégia funciona. Inexoravelmente, a estratégia continua evoluindo, seu desenvolvimento é movido por vários impulsos conflitantes, colaboração, competição e confronto, criatividade, criação de novos conceitos ou repaginação de ideias antigas. Como Mintzberg afirma na conclusão de seu safári de estratégia: "Precisamos fazer perguntas melhores e gerar menos hipóteses – para permitir que sejamos influenciados por preocupações reais em vez de empurrados por conceitos reificados. Precisamos de práticas melhores, não de teorias mais organizadas. Portanto, devemos nos preocupar com o processo e o conteúdo, estática e dinâmica, restrição e inspiração, o cognitivo e o coletivo, o planejado e o aprendido, o econômico e o político. Em outras palavras, devemos dar mais atenção ao elefante inteiro – à formação da estratégia como um todo. Talvez nunca a vejamos por completo, mas podemos certamente vê-la melhor".[3]

Como a estratégia funciona

Talvez haja um significado cultural no fato de, quando o assunto é estratégia, o manto do questionamento recair sobre outro canadense. Roger Martin, ex-reitor da Rotman School of Management na Universidade de Toronto, é reconhecido pelo seu trabalho em pensamento integrado como meio de resolução de problemas complexos e por ter proposto que as organizações deveriam adotar uma abordagem sobre pensamento orientada pelo design. Os designers se aproximam mais do usuário final e utilizam a inferência abdutiva – suposição pragmática – para criar maior valor. Eles pesam dois modelos de criação de valor – pensamento analítico e pensamento intuitivo – para produzir *design thinking* (abordagem centrada no aspecto humano, destinada a resolver problemas e ajudar pessoas e organizações a serem mais inovadoras e criativas).

O aspecto mais intrigante do amplo trabalho de Martin é sua colaboração de longa data com A.G. Lafley, CEO da Procter & Gamble. Lafley e Martin são os coautores de *Playing to Win: How Strategy Really Works*.

Pode nos explicar a ideia principal por trás deste livro?

A ideia principal é que podemos fazer da estratégia algo simples, divertido e eficiente. Não acredito que a maioria das pessoas diria que seu processo estratégico, a tarefa de montar uma estratégia para sua empresa, é qualquer uma dessas três coisas. A.G. e eu acreditamos que podemos transformar a estratégia em algo muito simples; ela pode ser agradável de realizar e bastante eficiente, e por essa razão escrevemos um livro sobre aquilo que fizemos juntos para atingir isso na Procter & Gamble.

Poucos executivos realmente têm uma definição de estratégia que seja útil para eles. Em geral, eles realizam muita análise, compilam documentos muito espessos que ficam nas prateleiras (como todos sabem), e tudo porque não fizeram algumas escolhas--chave. Na nossa prática, condensamos isso em cinco escolhas essenciais. Se você fizer essas escolhas, terá uma estratégia. Caso contrário, provavelmente sua estratégia não valha a pena.

Então como começou sua colaboração com A.G. Lafley?

Quando assumiu como CEO da Procter, em junho de 2000, ele me telefonou e disse: "Nós temos uma série de desafios e coisas que precisamos fazer". Eu o conhecia há aproximadamente 10 anos, trabalhando em vários projetos na Procter, quando me perguntou se trabalharia com ele como uma espécie de conselheiro e consultor em estratégia. Assim, trabalhamos juntos durante o tempo todo em que ele foi CEO e presidente da Procter, com a tarefa de incutir na P&G uma disciplina sobre estratégia que ele sempre acreditou ser necessária lá. Então, trabalhamos juntos, aprendemos juntos e pensamos que deveríamos compartilhar os resultados dessa colaboração.

Acreditamos que as histórias que podemos contar sobre a Procter não são apenas o ponto de vista de um consultor vindo de fora e entrevistando algumas pessoas; nós realmente as vivenciamos, e juntos, em um ambiente real. Achamos que há uma autenticidade nisso que é possivelmente única.

Conte-nos sobre as cinco questões e como elas estão relacionadas.

A coisa mais importante sobre as cinco questões é que elas precisam ser respondidas conjuntamente, de uma forma que reforcem umas às outras. Logo, cada questão não é na verdade difícil de ser respondida por si só; um pouco mais difícil é respondê-las de tal maneira que se encaixem umas com as outras. A primeira questão, portanto, é: qual é a sua aspiração vencedora?

O que de fato você está tentando realizar com a sua estratégia? Se você não tiver um senso de objetividade, é muito difícil que consiga uma estratégia útil.

Agora, muitas empresas possuem aspirações pretensiosas, mas essas não estão relacionadas às suas escolhas-chave, que chamamos de coração da estratégia. Então, estas são as questões dois e três: onde jogar e como vencer. Assim, dadas as suas aspirações de onde jogar, você quer jogar em qualquer que seja o espaço, qualquer espaço de mercado que esteja observando? E depois de ter decidido isso, como você quer vencer no lugar que escolheu para jogar? A quarta questão é: quais capacitações preciso ter, desenvolver e manter para vencer no lugar em que escolhi jogar, para que eu possa alcançar minhas aspirações? E. por fim, a última das cinco questões é de quais sistemas gerenciais preciso dispor para que eu construa e mantenha as capacitações necessárias para vencer no lugar em que escolhi jogar, alcançando minhas aspirações?

Portanto, são a essas cinco questões que uma empresa precisa responder para construir uma estratégia. A boa notícia é que não existe motivo para não descrever isso em cinco páginas ou menos, o que significa dizer que você não precisa de um monte de *slides*. Cinco páginas são suficientes. De fato, você deve resumir isso em uma página. Mas a chave é que as grandes estratégias são aquelas em que essas cincos coisas se encaixam e reforçam umas às outras.

Pode nos dar um exemplo disso?

Falamos sobre o exemplo da Olay e a transformação pela qual passou o Óleo de Olay, um produto de crescimento lento e preço baixo para um público mais velho. Esta foi a marca que observamos, começando quando A.G. assumiu o segmento de beleza no final dos anos 1990, e continuando ainda na sua presidência. Observamos isso e dissemos: quais são as nossas aspirações para a categoria de cuidados com a pele?

Bem, acontece que dentro da categoria beleza, cuidados com a pele é o segmento maior e mais lucrativo, um negócio mundial de 50 bilhões de dólares. A Procter realmente queria crescer nessa categoria. Ela já tinha xampus e condicionadores e um pequeno negócio de fragrâncias, mas queria transformá-los em um grande negócio. Então, em vez de um pequeno negócio complementar em que já tínhamos uma marca de 750 milhões de dólares, com preço baixo e pouca importância, a aspiração era transformar o segmento no ponto central de uma estratégia de beleza por meio de uma marca líder em cuidados com a pele.

Então observamos e fizemos a pergunta: onde estamos jogando atualmente? Bem, estávamos jogando com um produto direcionado às mulheres maduras, e nosso público estava envelhecendo. Estávamos na categoria de prevenção e tratamento de rugas. E nosso produto, um pequeno frasco de líquido rosa, era vendido por $3,99. Então dissemos: "Bem, existe outro lugar em que pudéssemos jogar que nos abriria oportunidades?".

Concluímos que havia um público mais jovem, mulheres dos 35 aos 49 anos, que estavam observando os primeiros sinais de envelhecimento e queriam algo que as ajudasse com as marcas da idade, não apenas com as rugas, mas pele ressecada, pintas, manchas, e assim por diante – algo que viemos a chamar de sete sinais do envelhecimento. Desse modo, pensamos que, se escolhêssemos nosso *onde jogar* para esse tipo específico de mulher preocupada com a pele, que é um público mais jovem, atingiríamos o coração da categoria.

Em seguida, dissemos: "Bem, como podemos vencer com essas mulheres?". O que percebemos é que precisávamos aumentar drasticamente a qualidade do produto, reposicioná-lo como um substituto daquilo que elas pagaram realmente caro na loja de departamento. Para isso, tivemos que trabalhar com os nossos parceiros de varejo a fim de criar um setor que parecesse aquele da loja de departamento, mas que estivesse em uma loja que o consumidor frequenta regularmente e sem a pressão do vendedor da loja de departamento tentando lhe vender mais e mais coisas.

Portanto, tivemos que construir capacitações, desde embalagens melhores até ingredientes mais ativos. Tivemos que construir todos os tipos de relacionamentos com os editores de beleza nas revistas para persuadi-los a levar nosso produto a sério, e acabamos lançando o Olay Total Effects. Também excluímos as palavras "Óleo de" e deixamos apneas "Olay" Olay Total Effects, a um custo de $18,99, que é um nível de preço extremamente elevado. Assim, fomos do Óleo de Olay por $3,99 ao Olay Total Effects por $18,99, mas ele estava posicionado em um lugar diferente. Logo, era um *onde* diferente e um *como vencer* muito diferente. Algumas capacitações adicionais foram construídas depois disso, e a marca acabou crescendo a uma taxa de 10 a 15% durante mais de uma década, e agora é de longe a maior marca de cuidados com a pele do mundo, e provavelmente – é difícil afirmar com certeza – uma das mais lucrativas.

Agora é um negócio crescente de $2,5 bilhões de dólares, tudo porque determinamos uma aspiração, escolhemos outro *onde*, descobrimos exatamente *como vencer* e construímos as capacitações e os sistemas gerenciais em torno disso. Assim, acreditamos que isso é realizável em qualquer negócio, desde que você esteja disposto a abordar essas questões e realmente ter uma aspiração por vencer em vez de apenas jogar. Antes, estávamos apenas jogando; agora, estamos vencendo.

Esse não é um processo linear, ou é? É um processo bastante iterativo, com uma parte informando o restante, reforçando as outras.

Isso. Este é um ponto importante. Diversas empresas que observei são muito lineares em seu processo estratégico, e uma das expressões disso é iniciar o processo com um longo e geralmente doloroso exercício de cunhar palavras e termos que definam a sua visão e missão.

O motivo pelo qual muitas vezes isso demora tanto e pelo qual existem tantas brigas é que é bastante difícil afirmar quais são suas aspirações até que você saiba um pouco mais sobre *onde jogar* e *como vencer*. Então, você pode determinar sua aspiração sem conseguir encontrar um *onde jogar* ou *como vencer* que venha ao encontro dela. Mas se você já está decidido a respeito, e passou por todo este exercício, desenvolveu a nova visão e já possui a nova aspiração, é difícil então dizer: "ops, temos que voltar". O que afirmamos ao desenvolver uma estratégia é que você determine sua aspiração inicial, e depois procure pelo *onde jogar* e *como vencer*. Se não conseguir encontrar um *onde jogar* e *como vencer* que seja consistente com sua aspiração, talvez tenha que voltar e revisitá-la. Você pode tentar criar um *onde jogar* e *como vencer* e, em seguida, questionar: podemos realmente construir as capacitações para vencer dessa maneira? Bem, talvez ainda não. OK, então teremos que ajustá-las um pouco mais.

Agora você está certo. É este o processo iterativo em que a chave é moldá-lo dessa forma, para que as pessoas não digam: "Ah não, isso é terrível; agora teremos que voltar e revisitá-lo". Essa é uma boa parte da estratégia. Na verdade, é uma grande parte da estratégia. É aquilo que a torna poderosa.

Estamos falando sobre a estratégia de protótipos?

A.G. e eu estamos verdadeiramente interessados no mundo do design, e pegamos algumas coisas emprestadas. Você cria um protótipo da sua decisão estratégica, em seguida, olha para trás e diz, baseado naquilo que aconteceu quando expôs o protótipo às pessoas: "Ah, você sabe, parece certo, mas não completamente". E você tem essa atitude em relação à estratégia, então não sente que falhou, sente que ela está ficando cada vez melhor.

Outra das mensagens do livro é que a estratégia não é apenas para as pessoas que estão na sala de reuniões do conselho; todos deveriam realizar estratégias: seja você um gerente de marca, seja o encarregado por uma unidade de negócios, você deve realizar sua

Estratégia em ação **121**

própria estratégia. Mas esta estratégia deve ocorrer no contexto daquilo que a empresa está tentando fazer, no contexto da estratégia corporativa. Este é o conceito de aninhamento que você descreve. Todas as subestratégias devem se encaixar perfeitamente.

Sem dúvida. As estratégias devem estar encaixadas umas às outras em todos os níveis da corporação. Na Procter & Gamble por exemplo, eles precisam tomar decisões estratégicas sobre *onde jogar* e *como vencer* com uma aspiração em nível corporativo, de cuidados com a beleza, de *skin care* e de marca individual. Encorajo as pessoas com as quais trabalho, em qualquer nível que estejam, a questionar: qual a sua aspiração para a parte da empresa pela qual você é responsável? Mesmo que seja apenas um pequeno departamento, qual é a aspiração? Qual a sua escolha de *onde jogar* e *como vencer*?

Eu até diria que, como funcionário, todos na organização deveriam ter um *onde jogar* e *como vencer*. Descrições de função não são tão específicas como "ponha seu pé esquerdo na frente do direito". Eles dizem algo como "bem, aqui está o seu trabalho". E dentro disso você tem várias escolhas: onde exatamente vou focar meu tempo? Como vou fazer isso de forma que crie mais valor?

Na realidade, a única coisa que você deve pensar a respeito desse conceito de aninhamento é que seu *onde jogar* e *como vencer* precisa ser reforçado, e que seja capaz de fazer escolhas mais poderosas sobre *onde jogar* e *como vencer* na unidade acima da sua, acima dessa e na mais acima ainda. É um conceito que se opõe à ideia de que o CEO toma todas as decisões estratégicas porque ele está muito acima de você, no topo da organização, gerenciando um negócio, e você está lá embaixo, apenas o executando.

Não. Na nossa visão, onde quer que você esteja na organização, também precisa tomar decisões estratégicas. Se todos pudessem fazer isso, acredito que as corporações trabalhariam muito melhor do que dizendo: "Nós tomamos as decisões aqui em cima, e vocês aí embaixo executam". Não é a forma como o mundo de hoje funciona, e não é uma concepção útil para uma organização.

Em que ponto estamos do debate geral sobre estratégia? O que mudou desde as cinco forças de Michael Porter?

Um dos temas centrais agora é tornar a estratégia efetiva. Então, uma coisa são os acadêmicos aconselhando empresas a formularem uma estratégia do jeito deles, ou de outro jeito, não importa, e as empresas não a executando por não considerá-la particularmente útil.

Portanto, o tópico aqui é garantir que a estratégia seja executável pelas empresas, que elas possam abordar questões estratégicas e chegar a respostas.

Ainda, existem esses enormes debates teóricos. Um deles está relacionado à vantagem competitiva. Acredito que grande parte do debate não seja lá muito útil. É evidente que a vantagem competitiva existe no mundo. Também é óbvio que ela não dura para sempre. Nada dura para sempre. E se você está tentando dizer que não existe esta tal de *vantagem competitiva*, pense em todas as empresas com alto desempenho, normalmente lucrativas, que mantiveram essa condição por anos e anos. É difícil afirmar que isso não é vantagem competitiva.

Então, para mim, a questão passa a ser a seguinte: existe um processo de pensamento que possa ajudar gestores a tomarem decisões que produzam vantagem, a criar valores elevados para os consumidores, que permita um retorno atrativo e abra outras possibilidades para que isso possa continuar sendo renovado? Essa é a pergunta fundamental que faço. Meu ponto de vista é que, sim, há um processo de pensamento no qual é mais provável que obtenhamos respostas. Há um processo inteligente para identificar *onde jogar* e *como vencer*, e se fizermos escolhas desse tipo, iremos nos posicionar de uma forma que nos dê a oportunidade de continuar modificando isso e melhorando isso à frente dos outros, para que tenhamos uma vantagem durante um período sustentável. Não é a mesma vantagem, certo? Na realidade, podem ser diferentes tipos de vantagens ao longo do tempo. Então, se você observar durante um período de 50 anos, pode ser que existam vários tipos diferentes de vantagens. Mas é porque temos o hábito de fazer um conjunto de perguntas que nos mantém à frente do jogo, em vez de simplesmente reagir às mudanças.

O mundo não é estático. A estratégia não é estática, mas isso não significa que não haja uma maneira de pensar sobre as questões fundamentais que nos mantenha à frente da concorrência.

CAPÍTULO 7

Onde a estratégia encontra a sociedade

Por volta da segunda metade da década de 1990, o mundo empresarial estava passando por uma transformação radical graças à Internet. O estouro do ponto com estava em curso, e especialistas em gestão estavam reavaliando as regras fundamentais de negócios. A impressão que se tinha é que não era mais necessário ser lucrativo. Uma estratégia melhor para os empresários, ao menos, era captar recursos por meio de fundos de investimento, embarcar em uma busca por números, e então faturar com uma oferta pública inicial de ações (IPO), passando o risco de longo prazo para outros investidores. Isso era estratégia, mas não como a conhecíamos anteriormente. Era a estratégia da exploração cibernética. Podemos traçar um paralelo com os ricos patrocinadores do século XV, que investiam em exploradores náuticos sob a promessa de um futuro lucrativo, vindo dos territórios que eles descobrissem. Como a avaliação de pequenas *start-ups* desafiavam a gravidade, poucas pessoas do mundo empresarial não se perderam na febre do ponto com. Mas, enquanto especialistas em gestão estavam contemplando novos modelos de negócios, *clicks and bricks* (presença online e física de uma empresa) e taxas de queima do capital, alguns estrategistas estavam focando sua atenção em outro ponto vital para o sucesso corporativo. A interação da empresa com o mercado, tanto interna quanto externamente, já havia sido observada extensivamente em relação à gestão estratégica. Menos estudados, no entanto, foram a miríade de interações de não mercado e os fatores que influenciam no sucesso de uma empresa.

Em 1995, a *California Management Review* publicou um artigo chamado "Integrated Strategy: Market and Non-Market Components", do economista e professor da Universidade de Stanford David P. Baron. Ele argumentava que, para a gestão estratégica ser eficaz, ela deve abranger tanto estratégias de mercado quanto estratégias de não mercado. Nesse argumento, Baron citou uma longa linha de pensamento acadêmico, incluindo o trabalho de Joseph Shister na década de 1940 e também os de David Yoffie, Marianne Jennings, Frank Shipper, Alfred Marcus, Allen Kaufman, David R. Beam, Lee Preston e James Post, entre outros. Essa era uma linha que outros também viriam a seguir, principalmente David Bach, antigo chefe do Centre for Nonmarket Strategy, na faculdade espanhola IE Business School, e depois na Yale School of Management.

A lógica era convincente naquela época, e é ainda mais hoje em dia. Existem componentes não mercadológicos essenciais para qualquer ambiente de negócios. Não mercadológico caracteriza qualquer atividade que não é baseada ou diretamente orientada pelas forças de mercado. O espaço de não mercado oferece os contextos político e social nos quais todos os empreendimentos operam. Existe, e sempre existiu, uma negociação velada entre as duas esferas que legitimizam e definem a licença de operação de qualquer empresa. Os padrões e ações que acontecem na esfera não mercadológica afetam a habilidade das organizações de criar valor ao melhorar seu desempenho. Baron define o ambiente de não mercado como o espaço no qual "as interações são intermediadas pelo público, participantes, governo, mídia e instituições públicas". Esse é um ambiente muito diferente do mercado, em que as interações costumam ser voluntárias, envolvem transações econômicas e são intermediadas por mercados ou acordos privados.

No espaço de não mercado, observa Baron, características como regra majoritária, devido processo e ação coletiva são importantes. As interações podem ser voluntárias, como o *lobby* entre empresas e departamentos de governo, mas são geralmente involuntárias, como legislações e regulações governamentais, ou ainda boicotes a serviços e produtos realizados por grupos de pressão.

Teste dos Is

Na visão de Baron, quatro Is caracterizam o ambiente de não mercado. *Questões (Issues)* são o que as estratégias de não mercado abordam, como revisão de legislações, por exemplo. *Instituições (Institutions)* como governos, departamentos de governo e órgãos reguladores lidam com questões de não mercado. *Interesses (Interests)* são os indivíduos e grupos envolvidos nessas questões. A regulamentação dos mercados de energias, por exemplo, envolveria companhias de energia, grupos ativistas, consumidores, fabricantes, fornecedores e a mídia. *Informação (Information)* é o conhecimento relevante que as partes interessadas possuem a respeito das questões de não mercado.

Enquanto a estratégia tradicional de negócios trata de encontrar a melhor maneira de posicionar a empresa frente às forças de mercado, a estratégia de não mercado trata de posicionar a empresa de forma benéfica perante as forças de não mercado. A estratégia de não mercado é mais importante para as empresas quando as oportunidades de criar valor são controladas por instituições fora do mercado, como governos. Esse é o caso de companhias que operam em setores altamente regulados, como os de biotecnologia e equipamentos médicos, por exemplo. Do mesmo modo, a estratégia de não mercado assume maior importância nas áreas em que a presença de ativistas é predominante, como nos setores metalúrgico, de mineração, óleo e gás. Hoje, com cadeias de fornecimento estendidas ao redor do mundo, um número cada vez maior de empresas está descobrindo o quanto elas são afetadas pelas ações de grupos de pressão.

Baron argumenta que estratégias de não mercado deveriam ser integradas a estratégias de mercado para criar vantagem competitiva ou defender espaços de mercado. Ele faz uso de diversos casos para ilustrar esse ponto, demonstrando como a abordagem tradicional das cinco forças de Porter, por exemplo, poderia ser complementada por estratégias de não mercado para ajudar a Toys R Us a globalizar seu negócio.

A utilização de estratégias de não mercado pode ajudar as empresas de diversas maneiras, Baron afirma. Estratégias de não mercado podem, por exemplo, ser utilizadas na defesa contra rivais, para criar novas oportunidades de mercado ou defender-se de novos concorrentes e substitutos, assim como para abordar ameaças vindas do poder de barganha de fornecedores e compradores (como boicotes de produtos).

As empresas também podem, ainda dentro da estratégia de não mercado, adotar uma visão voltada para as competências, focando em aprimorar competências não mercadológicas. Isso pode significar, por exemplo, apurar a habilidade em lidar com o governo, a mídia, o público, os grupos de interesse e ativistas. O que inclui compreender como as principais estruturas normativas funcionam, como as decisões sobre políticas são moldadas, e quem está envolvido na formulação delas.

A capacidade de desenvolver uma relação pessoal com indivíduos centrais do não mercado torna-se particularmente útil quando essas relações são difíceis de serem reproduzidas pela concorrência. E ao contrário de situações comerciais de mercado, leis antitruste geralmente não impedem que empresas trabalhem juntas, por meio de alianças, e que se agrupem para atingir fins no não mercado. Assim, esses relacionamentos entre empresas podem ser mecanismos muito valiosos de não mercado para a obtenção de vantagem competitiva.

Consolidar uma reputação de comportamento responsável em relação a questões não mercadológicas é outro elemento comum entre estratégias de não mercado. Possuir uma boa reputação pode ajudar a negociar questões de regulamentação, além de gerar uma imagem pública positiva.

O caminho delineado por Baron, por meio de suas considerações sobre como uma rede complexa de influencias e instituições sociais e políticas podem exercer grande força sobre o comportamento e reputação das empresas, foi trilhado por outros. De fato, a expressão *forças de não mercado* tornou-se um termo útil para descrever o conjunto cada vez mais importante de alavancas estratégicas e relacionamentos entre participantes.

Como fazer as estratégias de não mercado funcionarem

Uma das pessoas com importante contribuição para a área tem sido David Bach, de Yale. Junto com David Allen, reitor da faculdade de Administração e Direito da Universidade de Surrey, no Reino Unido, Bach escreveu um artigo muito influente na *Sloan Management Review*, chamado "What Every CEO Needs to Know About Nonmarket Strategy".

De acordo com Bach e Allen, "a estratégia de não mercado começa com duas premissas simples e ramificadas – a primeira, que atores e questões "além do mercado" afetam cada vez mais as considerações finais, e, a segunda, que eles podem ser tratados estrategicamente, da mesma maneira que as atividades convencionais dentro dos mercados. O desafio para os CEOs e suas equipes de gestores é a separação e integração simultâneas. Para uma gestão de sucesso além do mercado, os executivos devem reconhecer as importantes diferenças entre os ambientes de mercado e de não mercado das suas empresas, para em seguida adotarem uma abordagem integrada, coerente e estratégica para ambas as esferas. Essa é a chave para transformar questões de *não negócios* em oportunidades estratégicas e, consequentemente, construir uma vantagem competitiva sustentável".

Bach e Allem discutem várias facetas da estratégia de não mercado. Eles abordam o papel da globalização como catalisador do desenvolvimento da estratégia, por exemplo. De acordo com Bach e Allen, existem quatro fatores ligados à globalização que estão orientando a estratégia de não mercado. O primeiro é que a ideia de globalização implica as empresas precisarem conversar com públicos variados, de continentes e países diversos, e assim navegar em ambientes de não mercado que em geral refletem valores políticos e sociais claramente diferentes.

Segundo, como Bach e Allen apontam, não apenas os negócios estão se tornando globais, mas também a influência de organizações não governamentais (ONGs) e ativistas. Por meio das mídias sociais e de outras tecnologias modernas de comunicação, os ativistas podem se comunicar rapidamente, reportando eventos em questão de horas, independentemente de onde eles ocorram, e chamando a atenção dos consumidores ao redor do mundo para esses eventos.

Terceiro, negociar globalmente significa oportunidades expandidas de mercado, mas também significa estar exposto a diversos ambientes normativos, regional, nacional e internacionalmente. Os governos criaram diversas agências reguladoras novas, e as estruturas normativas estão longe de serem uniformes. O quarto fator é que a expansão da globalização levou a uma competição de mercado mais acirrada. Quando organizações rotineiramente terceirizam serviços para baixar os custos e fragmentar suas cadeias de valor pelo mundo, torna-se ainda mais difícil encontrar uma vantagem competitiva. Como é de se esperar, as organizações estão olhando para além da estratégia de mercado e em direção às estratégias de não mercado para obter essa vantagem competitiva.

Com a crescente importância da estratégia de não mercado, Bach e Allen argumentam, torna-se vital que executivos comecem a entender as principais diferenças entre gestão no ambiente de mercado e gestão no ambiente de não mercado. Por exemplo, não mercados não são previsíveis e uniformes como mercados. Eles diferem em vários aspectos: em termos de regulações e políticas, bem como em atitudes públicas e respostas aos acontecimentos. As trocas que ocorrem em um ambiente de não mercado valorizam mais informações do que dinheiro, e ao contrário deste, a informação é voltada para contextos específicos.

As alianças geralmente são a melhor forma de realizar ações em um ambiente de não mercado. Por isso, embora a competição exista, se quiserem ter acesso aos políticos, por exemplo, as empresas precisam colaborar entre si para alcançarem objetivos estratégicos não mercadológicos.

No ambiente de mercado, a flexibilidade é frequentemente um atributo desejável. As organizações podem adotar múltiplas posições e esperar para ver qual delas vai se desenvolver de forma mais promissora. Contudo, essa não é uma boa estratégia a se adotar em um ambiente de não mercado, no qual a consistência e o comprometimento no longo prazo são tidos como características desejáveis. Adotar posições diferentes sobre questões sociais como as chamadas fábricas de suor (*sweatshops*) ou obesidade, por exemplo, e então esperar para ver qual será a mais popular, dificilmente será uma atitude positiva ou bem-aceita.

A última diferença significativa, sugerem Bach e Allen, é que os valores são extremamente importantes no ambiente de não mercado e deveriam permear estratégias nessa linha. A criação de valor, o objetivo fundamental da competição de mercado, não se mostra tão relevante em uma situação de não mercado.

Desbravando novos caminhos

Outros pensadores também estão inovando no movimento de estratégias de não mercado. Diretor do grupo de estratégia e negócios internacionais da Warwick Business School, e professor de gestão estratégica, Kamel Mellahi vem realizando uma pesquisa especialmente preocupada com o papel da estratégia de não mercado em mercados emergentes.

"Hoje é amplamente aceita a ideia de que boas relações com instituições poderosas e agentes políticos são o elemento crítico do sucesso empresarial em mercados emergentes, nos quais a competição é moldada por forças de fora do mercado e vazios institucionais", ele diz. "Isso torna a estratégia de não mercado fundamental para empresas que operam tanto em economias desenvolvidas quanto em economias emergentes".

Entretanto, uma das dificuldades dessa estratégia está na sua definição. "Qualquer conceito definido em termos daquilo que não é – por exemplo, não mercado – é problemático", diz Kamel Mellahi. "Porém, descrições alternativas como a responsabilidade social corporativa e o *lobbying* não conseguem cobrir todo seu escopo. Termos alternativos também não tiveram aceitação. Talvez devesse ser chamada de 'estratégia política e social'".

Onde a estratégia encontra a sociedade 133

Enquanto a estratégia de não mercado sobe na lista de prioridades corporativas, com CEOs reconhecendo a crescente pressão de forças políticas e sociais, a importância de uma resposta ou estratégia não mercadológica aumenta. Mas isso trará desafios.

"Por mais importante que sejam as forças de não mercado, pode existir um lado negro na estratégia de não mercado. O valor de contatos políticos, particularmente, muda com o tempo", diz Mellahi.

Veja o exemplo de multinacionais estrangeiras na indústria automobilística chinesa. Nos anos 1980 e 1990, a Shanghai Volkswagen Automotive, a *joint venture* montada pela Volkswagen, prosperava, enquanto outras *joint ventures* criadas pela Peugeot e Chrysler passavam por dificuldades. Em parte, o sucesso da VW se deve ao fato de forças de não mercado estarem dominando a indústria automotiva na China e sua estratégia ser efetiva. Particularmente, sua habilidade de participar das redes políticas chinesas pagava os dividendos.

Naquela época, as instituições políticas chinesas ditavam quais fornecedores a *joint venture* poderia usar e, além disso, eram responsáveis por grande parte dos carros vendidos. Os laços políticos da VW e sua disposição para pagar preços inflados aos fornecedores locais possibilitaram que a empresa assegurasse suas vendas, em uma época em que forças de mercado não eram o fator dominante.

No entanto, por volta do ano 2000, as forças de mercado estavam se reafirmando com a crescente demanda proveniente de compradores privados comuns. Nesse período, a associação política da VW dificultou sua negociação com fornecedores locais por preços mais competitivos. Como consequência, a participação de mercado da VW desabou nos carros de passeio de 50% para 17% em apenas quatro anos, entre 2001 e 2005.

"O caso da VW ilustra a necessidade das empresas serem flexíveis em suas estratégias de não mercado. O que beneficia uma empresa em um determinado momento pode se tornar uma desvantagem em outro", diz Mellahi. "Por esse motivo é primordial que as empresas constantemente revejam e revisem suas estratégias de mercado e, ao mesmo tempo, que elas também desenvolvam consciência e disciplina na sua estratégia de não mercado".

Santo Prius

David Bach e David Allen também usam um exemplo automotivo para demonstrar de que modo uma estratégia de não mercado pode ser adotada com sucesso. Eles apontam para a fabricante de carros Toyota. A fabricante japonesa percebeu relativamente cedo as possibilidades associadas aos carros híbridos – cedo o suficiente para tornar-se líder do mercado. Contudo, a Toyota expandiu o campo competitivo para além do mercado, demonstrando habilidade impecável de estratégia não mercadológica.

Na Califórnia, a empresa fez *lobby* com o governo local para incluir seu modelo híbrido principal, o Prius, no programa que garantia a veículos de baixa emissão de gases acesso às faixas de *carpool* (faixa exclusiva para carros com mais de um passageiro), mesmo quando tivesse apenas um ocupante. O apoio de grupos ambientais facilitou a aprovação da proposta por legisladores, o que gerou custos quase insignificantes para o governo da Califórnia e reforçou suas credenciais ambientalistas.

A Toyota deu ao seu produto uma vantagem competitiva decisiva, com mínimo investimento financeiro. Foi um movimento não mercadológico impressionante. Aproveitando esse sucesso, a empresa conseguiu garantir aos proprietários dos Prius o direito de estacionar de graça nas áreas pagas das ruas de Los Angeles e outras cidades. Por meio da gestão habilidosa de não mercado (que habilmente complementa sua estratégia de mercado vigente, cujo público-alvo é formado basicamente de profissionais de classe média e alta, preocupados com o meio ambiente nas grandes cidades), a Toyota reforçou sua vantagem competitiva.

O Prius C foi um dos cinco finalistas no Los Angeles Auto Show de 2012, concorrendo pelo título de 2013 Green Car of the Year (Carro Ecológico do Ano, 2013), prêmio concedido pelo *Green Car Journal*.

Um desafio maior tem sido lidar com os aspectos não mercadológicos de *recalls* recentes feitos pela Toyota. Entre 2009 e 2010, momento em que a empresa havia superado a General Motors e se tornado a maior fabricante de carros no mundo, ela teve que enfrentar um problema com aceleradores que travavam em alguns dos modelos. Isso levou a um *recall* em massa dos veículos. No entanto, inicialmente a empresa tentou minimizar a questão, o que causou problemas sérios no relacionamento com o público.

Esse caso serve para mostrar que a estratégia de não mercado é um processo holístico, que exige da empresa o monitoramento de sua posição em relação aos participantes, incluindo a opinião pública.

Como David Bach aponta, no entanto, "poucas empresas estão preparadas para realizar esse trabalho árduo e comprometerem-se a desenvolver uma estratégia de não mercado eficiente a longo prazo. E ainda menos empresas compreendem como integrar as estratégias de mercado e não mercado, de modo a manter a vantagem competitiva".

Ao som de Bach

Quando conversamos com David Bach, pedimos que ele explicasse o interesse crescente nas forças de não mercado.

O que é a estratégia de não mercado? Por que ela é importante? E por que ela é importante agora?

A estratégia de não mercado é apenas a ideia de que o ambiente de negócios é formado por outros elementos além dos mercados. Existem outros participantes que afetam diretamente a habilidade de uma empresa em criar e defender vantagens competitivas: governos, reguladores, organizações não governamentais, mídia, e assim por diante. Podemos chamar esses elementos de agentes de não mercado, e eles se tornam cada vez mais importantes em termos da influência que exercem sobre as empresas.

Assim como uma empresa administra estrategicamente seu ambiente de mercado e faz planos para criar vantagens competitivas, ela deveria fazer o mesmo para o ambiente de não mercado.

Você pode ilustrar a importância dos agentes de não mercado?

Isso varia muito entre as indústrias. Por exemplo, existem algumas indústrias que realmente não funcionam sem o papel essencial dos fatores de não mercado. Veja a indústria farmacêutica, por exemplo. Para um modelo de negócio funcionar baseado no desenvolvimento de importantes medicamentos patenteados, você precisa de forte proteção à propriedade intelectual. E para isso você precisa do governo. Além disso, medicamentos têm um sistema de aprovação e liberação importante e elaborado. A visão que os participantes políticos têm da indústria é essencial.

As empresas farmacêuticas agora estão investindo mais em responsabilidade social corporativa e administração de reputação. Uma das razões para isso é a compreensão de que problemas com sua reputação – como medicamentos que não funcionam bem, ou preços tão elevados que pessoas de países em desenvolvimento não têm como pagar – podem ser o desafio máximo para seu negócio e modelo de negócio, pois tem o potencial de minar o apoio público a proteções de patente.

Nos anos 1990, a Chiquita Brands buscava a maior parte do seu estoque de bananas na América Latina; a Europa era seu maior mercado consumidor. Enquanto isso, a União Europeia mudou sua política de importação de bananas favorecendo fornecedores de fora da América Latina. A Chiquita perdeu esse evento de não mercado e sofreu as consequências. A Dole, por outro lado, um dos maiores produtores de frutas e vegetais frescos, percebeu como a comissão trabalharia, diversificou seus fornecedores, e acabou ampliando seu negócio.

Olhando para o passado, as organizações ignoraram essa área da estratégia, ou lidaram com ela de uma forma improvisada ad hoc? Ou elas não reconheceram a importância dessa área, ou isso se tornou uma massa crítica e agora precisam reconhecer sua importância?

Eu acredito que é um pouco de tudo isso. Executivos mais experientes sabem que política e sociedade importam. Onde eles falharam foi em pensar nessa estratégia como parte natural do ambiente empresarial e de mercado.

As empresas estão confortáveis com a ideia de que podem moldar as expectativas dos consumidores, construir barreiras, mudar seu relacionamento com fornecedores e moldar seu ambiente de mercado.

Mas não estão muito confortáveis com a ideia de tentar moldar seu ambiente social e político.

Você parece querer dizer que as organizações têm visto esses aspectos não mercadológicos do ambiente como algo que afeta os seus negócios, e não como algo com o qual elas podem lidar ativamente.

É exatamente isso. Ou seja, pense em 30 anos atrás: antes de Michael Porter, a gestão estratégica era essencialmente sobre posicionar-se em uma indústria, e as dinâmicas dessa indústria eram aceitas da forma que viessem, e pouco se podia fazer quanto a isso. Mas, então, as pessoas começaram a entender que, na realidade, poderiam ativamente melhorar a sua competitividade, mesmo em uma indústria com poucos atrativos, por exemplo.

Na verdade, as empresas vêm tentando agir, mas geralmente de maneira improvisada, com iniciativas diferentes direcionadas a participantes diferentes. Você tem seu departamento de assuntos do governo, seu departamento jurídico, sua equipe de responsabilidade social corporativa e de relações públicas, mas todos eles estão separados, não estão interligados por meio de uma estratégia comum, e possivelmente também estejam distanciados do processo estratégico corporativo principal.

Então como podemos começar a abordar a estratégia de não mercado em uma organização?

Temos um modelo. Basicamente, a ideia é que você tenha em mente seis questões diferentes enquanto analisa seu ambiente de não mercado. Qual é a questão com a qual está lidando? Quem são os agentes que têm voz nessa questão? Quais são os interesses desses agentes? Onde esses agentes se encontram, e a questão é estabelecida? Qual informação movimenta a questão nesse contexto? Quais ativos você precisa ter para se sobressair?

É bem simples, mas isso de fato o auxilia em uma primeira avaliação do panorama do seu não mercado. Também o ajuda a pensar estrategicamente sobre formas de administrar uma questão e, por fim, à medida que você passa a gerir diferentes questões que o afetam, ajuda no propósito de começar a moldar o ambiente de não mercado.

Você pode falar rapidamente sobre os passos? O que faríamos para ir do nada até uma posição em que somos capazes de agir?

Penso que não é tão complicado. Comece perguntando o que a estratégia é para o mercado: como a empresa está posicionada, como está competindo, qual é o seu produto, e a proposição de valor para os consumidores. Baseado nessas informações, pense quais são as principais questões sociais e políticas, e como a sua resolução (para um lado ou para o outro) afetará a habilidade da empresa em criar um valor apropriado.

Não estamos falando em necessariamente criar departamentos separados; estamos falando sobre fazer os principais executivos dentro de uma organização pensarem sobre estratégia. Eles devem pensar não apenas em agentes de mercado, mas também consistentemente em agentes de não mercado que desempenham papéis relevantes, e no que fazer para trazê-los para o seu lado, influenciar sua visão, criar alianças e lançar iniciativas apoiando o mesmo objetivo, que é a sua competitividade.

Então não existe um departamento específico para estratégia de não mercado?

Se criarmos uma grande burocracia corporativa, isso não ajudará ninguém. Você quer sensibilizar seus supervisores e gerentes para o fato de que agentes de não mercado e forças políticas e sociais realmente importam muito para a empresa. Treiná-los para observar desenvolvimentos sociais e políticos que potencialmente podem afetar a empresa em curto, médio e longo prazo. E então fazê-los trabalhar diretamente no ambiente de não mercado, ou por meio de funções corporativas de suporte para abordar algumas dessas questões, por exemplo.

Quais são os maiores erros que as empresas cometem? Quais são as coisas que os gestores não deveriam fazer, e a quais deveriam estar sempre atentos?

Um dos grandes erros é pensar que se trata de uma receita mágica. Leva tempo para desenvolver relações de não mercado, para começar a trabalhar com organizações não governamentais, bem como para formar uma rede política de pessoas que você conhece e compreende, e que também o compreendem como uma empresa.

Outro erro é o mercado e não o mercado estarem desalinhados. Muitas pessoas são céticas em relação a empresas envolvidas com política. Quando empresas assumem alguma posição política, as pessoas geralmente suspeitam de segundas intenções. Por isso é realmente importante ser coerente no que você faz.

A estratégia de não mercado é sobre vencedores e perdedores, ou pode ser colaborativa e cooperativa também?

De forma alguma. Existe muita cooperação. O ambiente de não mercado tem muito a ver com a construção de coalizões e o cultivo de relacionamentos, o que lentamente transforma o ambiente em que você compete. Mas tendo dito isso, não significa que o ambiente de não mercado é só paz e harmonia; é um espaço altamente competitivo. Diferentes agentes podem competir pela atenção de importantes líderes de opinião ou figuras políticas, por exemplo.

Como você justifica o tempo gasto com isso em termos de desempenho e tangibilidade?

A maioria dos gestores e executivos concordam que, quando você consegue fazer essas coisas, o retorno é imenso. Quando você consegue evitar um trecho desfavorável de uma legislação ou influenciá-la, ou ainda usar sua liderança de mercado para criar parâmetros para os produtos que você desenvolveu e que criam barreiras de entrada para a competição, os retornos disso costumam ser consideráveis.

CAPÍTULO
8

Onde a estratégia encontra o mundo

No final, os estrategistas sentem-se inevitavelmente limitados ao criarem estratégias precisas para corporações, não importando o quanto multinacionais elas sejam. Eles anseiam por um palco maior. Michael Porter abordou a estratégia na indústria da saúde, particularmente em alguns artigos com a coautoria de Mark Kramer, seu colega em Harvard. Porter também ajustou o ciclo capitalista mostrando como as empresas podem combinar seus instintos competitivos com responsabilidade social e outras atividades que, embora sejam socialmente vantajosas, não aparentam agregar valor para os acionistas.

Talvez a incursão mais bem-sucedida de Porter em outras vertentes do campo da estratégia tenha sido seu trabalho sobre competição e países. Seu livro *The Competitive Advantage of*

Nations, de 1990, deve ser listado como um dos mais ambiciosos livros dos nossos tempos. Seu ponto principal era uma nova e radical perspectiva sobre o papel e a *raison d'être* das nações. Porter registrou a transformação de nações que eram potências militares e tornaram-se unidades econômicas cuja competitividade foi a chave para o poder e a influência.

As questões que Porter buscou responder já eram conhecidas. Agregando às ideias de seus livros anteriores, ele examinou o que torna empresas e indústrias de uma nação competitivas em mercados globais, e o que impulsiona a economia de uma nação inteira adiante. "Por que empresas sediadas em um país específico conseguem criar e manter vantagem competitiva contra os melhores concorrentes do mundo em um determinado campo? E por que um país em especial geralmente é a casa de tantos líderes mundiais de uma indústria?", questiona ele. "Por que a pequena Suíça é a base para líderes internacionais em produtos farmacêuticos, chocolates e importações/exportações? Por que os líderes em mineração e caminhões pesados são sediados na Suécia?".

Embora utilizasse trabalhos e conceitos anteriores, Porter estava começando novamente, retornando aos princípios fundamentais. "O principal objetivo econômico de uma nação é produzir um padrão de vida cada vez maior para seus cidadãos. A habilidade de fazer isso depende não da noção amorfa de *competitividade*, mas da produtividade com a qual os recursos (trabalho e capital) de uma nação são empregados", ele escreveu. "A longo prazo, a produtividade é o principal determinante do padrão de vida de uma nação". Alguns podem afirmar que essa é uma conclusão equivocada, mas muitos países têm notoriamente começado a questionar os princípios pelos quais medem seu sucesso, investigando alternativas para o produto interno bruto (PIB), como felicidade e bem-estar.

Longe de promover o fim do Estado-nação, como alguns analistas fizeram, contra um cenário de inexorável globalização dos negócios, Porter chegou a conclusões diferentes. Ele identificou um paradoxo central.

Empresas e indústrias tornaram-se globalizadas e mais internacionais no seu escopo e aspirações como nunca haviam sido. Isso, aparentemente, parece sugerir que o país perdeu seu papel no sucesso internacional de suas empresas. Mas não foi o que a pesquisa de Porter mostrou.

"As empresas, à primeira vista, parecem ter transcendido os países. No entanto, o que observei nesse estudo contradiz essa conclusão", disse Porter. "Embora a globalização da competição possa, aparentemente, tornar uma nação menos importante, na verdade parece que ela a torna mais importante.Com menos impedimentos comerciais para proteger empresas e indústrias internas não competitivas, a nação de origem cresce em significância, porque é a fonte das habilidades e das tecnologias que sustentam a vantagem competitiva".

Porter também apresentou um desafio, talvez a si mesmo, de resolver outro mistério perene: "Muito se sabe sobre o que é vantagem competitiva e como ela é criada ou destruída por ações particulares. Mais ainda se sabe sobre o motivo de uma empresa realizar boas escolhas, e não ruins, quando busca uma base para a vantagem competitiva, e o motivo pelo qual algumas empresas são mais agressivas quando as perseguem". Porter chegou à conclusão de que é a intensidade da competição interna quem geralmente abastece o sucesso no cenário global.

Para esclarecer a dinâmica por trás da força nacional e regional de uma determinada indústria, Porter desenvolveu o *diamante* nacional, o qual é formado por quatro (não cinco) forças:

1. **Condições de fatores.** Antes eles teriam incluído recursos naturais e uma grande oferta de trabalho; agora eles abrangem comunicações de dados, pesquisas universitárias e a disponibilidade de cientistas, engenheiros ou especialistas em campos específicos.

2. **Condições de demanda.** Se houver grande demanda nacional por um produto ou serviço, isso pode oferecer à indústria uma vantagem sobre a concorrência global. Os Estados Unidos, por exemplo, estão à frente em serviços de saúde devido a uma forte demanda nacional.
3. **Indústrias correlatas e de apoio.** Indústrias que são fortes em um país específico estão geralmente cercadas por indústrias correlatas de sucesso.
4. **Estratégia, estrutura e rivalidade da empresa.** Concorrência interna impulsiona o crescimento e a força competitiva.

Capitalismo hipercompetitivo

Richard D'Aveni é outro pensador que segue encontrando novas faces da estratégia a serem exploradas. Recentemente, em seu livro *Strategic Capitalism*, de 2012, ele ampliou o objeto de sua análise estratégica. Como Porter e vários outros estrategistas antes dele, D'Aveni eventualmente mudou sua unidade de análise dos negócios ou empresas para governos e nações e finalmente para sistemas econômicos completos. Logo, em seu livro, ele aborda a hipercompetição entre várias formas de capitalismo e a disputa econômica de poder entre nações e blocos econômicos. D'Aveni está interessado principalmente nos diferentes modelos de capitalismo que os Estados Unidos e a China estão perseguindo.

A palavra *iconoclasta* é utilizada excessivamente, mas não no caso de Richard D'Aveni. D'Aveni é um inconformista. Uma das razões pelas quais admiramos seu trabalho é que ele olha o mundo de maneira diferente e atreve-se a desafiar a ortodoxia. Sua análise é controversa. Ela é ao mesmo tempo provocativa, estimulante e não hesitante.

D'Aveni observa que o constante fluxo de manchetes da China indicam que o cenário corporativo norte-americano está sob ataque. Quando conversamos, ele citou dois exemplos recentes: o escândalo de Bo Xilai, uma história que ilustrou como os interesses comerciais na China estão ligados a questões de Estado, e o fato do banco central norte-americano ter permitido que três bancos estatais chineses tenham se instalado em mercados nos Estados Unidos.

Por que essas histórias são importantes para você?

Porque elas ilustram duas tendências profundamente preocupantes. A primeira mostra como os negócios chineses estão interligados com as maquinações da política e da corrupção chinesas. A última mostra que os Estados Unidos estão felizes ao abrirem seus mercados – neste caso, o mercado de bancos – para a concorrência chinesa, que pode estar a serviço do governo da China, de sua política e de sua corrupção. Juntas essas duas tendências constituem a maior ameaça aos interesses nacionais norte-americanos nas últimas décadas.

Hoje enfrentamos um momento decisivo na história dos Estados Unidos, um momento que requer reinvenções. Mesmo que o mercado de empregos esteja se ajustando temporariamente, somos alertados sobre um "novo normal": uma economia na qual empregos bons estão migrando para o exterior e as médias salariais caindo devido à competição estrangeira. Crescimento lento. Carreiras instáveis. Menos oportunidades. Dependência de importações estrangeiras para sobreviver. Até mesmo a perder a posição de líder econômico mundial os Estados Unidos está sujeito.

De onde vem a ameaça às bases de poder econômico norte-americanas?

Existem duas origens por trás do "novo normal": o crescimento econômico agressivo da China e a dócil resposta corporativa norte-americana. A China emergiu de uma adolescência capitalista escassa rumo a uma vida adulta vibrante. Ela dominou o processo de produção de maneira tão rápida que mesmo empresas genuinamente norte-americanas, como a Apple agora produzem quase tudo em fábricas chinesas. A China agiu tão agressivamente para construir seus empreendimentos de produção que tomou quase 2 milhões de empregos norte-americanos na última década. Ela acelerou tanto que, se a taxa de crescimento continuar, sua economia vai ultrapassar a dos Estados Unidos antes de 2030. Enquanto isso, a economia dos Estados Unidos está estagnada e infiltrada por empresas chinesas que são instrumentos de um poder não eleito e não democrático, que busca suplantar os Estados Unidos na posição de líder mundial.

Mas existem explicações alternativas para os males norte-americanos na atualidade.

Sim. Alguns analistas apontam para uma população envelhecida, por exemplo, ou o desemprego tecnológico: a tendência que a TI [tecnologia da informação] e outras tecnologias possuem de substituir o trabalho humano. Mas o meu foco é o impacto do sistema de capitalismo chinês na competitividade norte-americana.

O que estamos testemunhando, na minha visão, é o escalonamento da competição entre corporações para a competição entre nações. A batalha entre

China e Estados Unidos representa os movimentos iniciais de uma guerra fria capitalista.

Com a ascensão das novas potências econômicas, especialmente a China, estamos observando uma nova forma de capitalismo em que nações competem contra outras nações ou, mais precisamente, suas formas de capitalismo competem umas contra as outras pelo sucesso econômico.

O famoso economista Joseph Schumpeter argumentou que as forças de destruição criativa são essenciais à eficiente operação do sistema capitalista. As ideias de Schumpeter são amplamente aceitas. Estou argumentando que essas mesmas forças agem no próprio sistema, de modo que uma forma mais bem adaptada de capitalismo vai eventualmente destruir ou deslocar o sistema estabelecido. Esse processo dinâmico está em funcionamento ao redor do mundo.

É essa a hipercompetição entre nações?
Sim, certamente. Nos anos 1990, cunhei o termo *hipercompetição* para descrever uma situação na qual as empresas não mais desfrutam de vantagens competitivas sustentáveis e competem pela contínua interferência nos rivais. Minha pesquisa indica que estamos entrando em uma era de *hipercompetição* econômica entre nações.

O que isso significa na prática?
Ela abrange um conjunto de ações de nações rivais buscando alterar o campo de jogo em seu benefício, efetivamente definindo as regras da competição. Isso também inclui movimentos e respostas para interferir

ou minar a forma de capitalismo utilizada pelos rivais. Já vimos isso antes.

Nas décadas de 1970 e 1980, por exemplo, o Japão corporativo desenvolveu uma forma de capitalismo que apresentava grupos industriais domésticos chamados *keiretsu*[1] e informais *zaibatsu*[2] (que foram legalmente proibidos depois da Segunda Guerra Mundial). Eles não procuravam maximizar os lucros corporativos no curto prazo; buscavam maximizar a geração de empregos no Japão e reinvestir no crescimento dos grupos a longo prazo. Era capitalismo, mas não como conhecíamos nos Estados Unidos.

As empresas japonesas tiraram vantagem da complacência dos Estados Unidos desestabilizando indústrias de manufatura norte-americanas, especialmente no ramo de automóveis, eletrônicos, máquinas, ferramentas e aço. Durante um período, parecia que o gigante econômico japonês ultrapassaria os Estados Unidos, mas, no final, uma combinação de fatores mostrou que o crescimento do Japão estava paralisado.

A China agora representa uma ameaça mais poderosa. Minha pesquisa confirma que esse país é agora um *hipercompetidor*. A China corporativa, em intensa colaboração com o governo chinês, tem seguido a mesma abordagem do Japão com o capitalismo regulado. Mas a isso somou o peso de sua enorme população, maior controle estatal sobre as práticas financeiras e de trabalho, uma abordagem neomercantilista, rápidos processos de tomada de decisão não democráticos, e sua disposição para jogar duro com fornecedores e compradores estrangeiros. Isso tem trazido os Estados Unidos para um crescente confronto econômico.

Então, o que as empresas norte-americanas e ocidentais podem fazer para elevarem seu nível?

Agora não é o momento para confiar em conceitos ideológicos ou teóricos que encapsulam aquilo que *costumava* funcionar. A maior parte das ideologias e teorias não são mais apropriadas. Elas congelam nosso pensamento, paralisam nossa capacidade de adaptação e condenam as empresas norte-americanas a um declínio e impasse contínuos. Apenas um tolo continua fazendo a mesma coisa e esperando resultados diferentes.

Chegou o momento para uma liderança de verdade. Um debate honesto sobre a situação pode ajudar os Estados Unidos a libertarem-se de sua postura rígida. O simples fato é que por continuarmos promovendo o livre comércio, estamos destruindo a competitividade norte-americana.

Em *Strategic Capitalism*, encorajo os líderes de negócios dos Estados Unidos a olharem estrategicamente para o futuro e desenvolverem uma estratégia vitoriosa a longo prazo. O livro não promove ideologias, seja de esquerda, direita, seja de centro. Ele promove pensamento pragmático que venha de qualquer um com boas ideias.

Acima de tudo, ele incita os líderes de negócios norte-americanos a voltarem para aquilo que transformou os Estados Unidos em um gigante econômico: dinamismo empreendedor e exportação combinados com P&D governamental e barreiras de entrada contra empresas estrangeiras. As maiores indústrias norte-americanas foram criadas e mantidas dessa forma: aeroespaço, agricultura, defesa, farmacêuticos, e tantas outras. Empresas agindo sozinhas não podem competir com a nova versão de capitalismo da China.

Empresas norte-americanas precisam trabalhar junto com o governo para anularem ou igualarem-se ao sistema chinês.

O fato é que essa versão chinesa de capitalismo está permitindo que ela cresça muito mais rápido que os Estados Unidos, ainda que tenha partido de uma base bem inferior.

O que líderes de negócios podem fazer?

É chegado o momento dos líderes de negócios norte-americanos incluírem suas vozes no debate. Apenas se eles se fizerem ouvir e tomarem medidas decisivas, os Estados Unidos poderão evitar o declínio econômico. Acredito que existem cinco lições que as corporações norte-americanas precisam aprender, e aprender rapidamente.

Antes de mais nada, eles precisam quebrar o tabu chinês. A primeira lição para os líderes de negócios norte-americanos é ter coragem de falar abertamente sobre as dificuldades de se fazer negócios na China. Alguns de nós lembram que pessoas como Andy Grove da Intel e outros líderes corporativos protestaram quando perceberam que o mercado interno japonês estava fechado para eles. No entanto, a maioria dos CEOs de hoje – e conversei com centenas deles – simplesmente não critica a China publicamente. Dizem regularmente que não sabem o que fazer.

Eles estão condenados, se entrarem na China, devido ao risco e medo de serem controlados, pelo governo, chinês, e estão condenados se não entrarem devido ao tamanho e crescimento dos mercados chineses e seu potencial de criação de valor para os acionistas. Mas eles não cogitariam iniciar uma conversa pública sobre o problema em que estão, porque isso poderia diminuir o preço das ações ou encorajar retaliações chinesas. O assunto é um tabu.

Segundo, eles deveriam praticar o patriotismo corporativo. A segunda lição é a necessidade de visão mais patriótica de negócio. No momento, a preocupação com o curto prazo (principalmente como resultado da pressão de Wall Street) significa que os negócios estão baseados na maximização de retorno aos acionistas independentemente de seu impacto na economia nacional. Assim, a localização de fábricas e outras decisões de investimento estão focadas em geração de lucratividade a curto prazo, mesmo quando causam dano à competitividade da economia norte--americana a longo prazo.

Milhões de postos de trabalho nos Estados Unidos foram exportados para a China e outros países em decorrência disso. Ainda assim, a realidade é que a pressão por aumento de salários na China significa que ela já não é mais a fonte de mão de obra barata que era antes, e a pressão por melhores salários só vai aumentar. É chegada a hora de repatriar a manufatura norte-americana por razões nacionais estratégicas e de negócios (isso está ligado à quarta lição).

O terceiro imperativo é reconhecer que o livre comércio tem um custo. Muitas pessoas defendem a eficiência do mercado e a abertura do mercado interno dos Estados Unidos, mas isso está ferindo os negócios norte-americanos. Eficiência de mercado impulsiona os preços para baixo, o que pode ser bom para os consumidores em curto prazo, mas isso acontece às custas de menores lucros. Menor lucratividade quer dizer que as empresas norte-americanas têm menos dinheiro para investir em P&D e treinamento de seus funcionários. Isso afeta a competitividade norte-americana, e nos força a competir apenas nos custos. Ela ignora o fato de que o mercado dos Estados Unidos é um mercado maduro e que deveria ser fonte de vantagem competitiva para companhias internas. Alguns verão isso como protecionismo, mas eu discordo. Acredito que líderes de negócios norte-americanos precisam reconhecer e explorar suas vantagens caseiras, e não abrir mão delas em nome de alguma ideologia econômica moribunda.

Quarto, cuidado com a sua exposição à China. Muitas empresas dos Estados Unidos estão perseguindo planos de expansão na China com algo semelhante a abandono estratégico. Mas esses planos vão se voltar contra eles nos próximos anos. Pouquíssimas companhias norte-americanas conseguirão construir negócios lucrativos na China. O que estamos testemunhando é o equivalente a uma corrida do ouro. Aquilo que as empresas conseguem ver é uma explosão de crescimento no mercado interno chinês, mas o que poucos foram capazes de compreender é que a versão chinesa de capitalismo vai espremer os interesses ocidentais, assim que elas se tornarem lucrativas.

É verdade que atualmente algumas companhias norte-americanas estão operando lucrativamente na China, mas a grande maioria está apostando na ideia de colher os benefícios mais tarde, e muitas incluíram essa expectativa em suas projeções financeiras. Nos próximos anos, Wall Street começará a perguntar onde está o dinheiro e ficará desapontada. Líderes de negócios espertos vão antecipar essa reação e repensar sua exposição à China. Eles terão planos de contingência para cobrir buracos em seus planos de crescimento quando os lucros da China não se materializarem e para retirarem seus ativos rapidamente, se necessário, no caso de instabilidade política ou interferência do governo.

Por fim, repense sua estratégia sobre a China. Muitos CEOs norte-americanos conseguem enxergar problemas na China, mas estão sob pressão de Wall Street para perseguir a miragem chinesa. Uma exceção é Jeff Immelt da GE, que afirmou que a China é hostil a multinacionais e que ele não está incentivando a participação chinesa nos planos de crescimento da GE. Poderia ser esse o início de um êxodo corporativo? Espero que sim. A decisão da GE de trazer de volta para Louisville, Kentucky, centenas de empregos em seus negócios de aparelhos domésticos que haviam sido levados para o México e China é um sinal de que Immelt entendeu a questão.

Para a GE, a balança dos postos de trabalho estava pendendo para fora dos Estados Unidos. No final de 2011, 131.000 de seus 301.000 funcionários trabalhavam nos Estados Unidos. Desde 2009, no entanto, ela tem anunciado planos para a criação de 13.500 novos empregos nos Estados Unidos, sendo 11.000 no setor de produção. Outras empresas devem fazer o mesmo.

O mundo da estratégia

Outro pensador que está desafiando os conhecimentos sobre esse mundo é Pankaj Ghemawat. Ghemawat é o professor Anselmo Rubiralta de Estratégia Global no IESE Business School, na Espanha. Antes disso, ele foi o mais jovem professor titular a ser indicado na Harvard Business School.

Mais conhecido por seu trabalho no campo da globalização, Ghemawat escreveu livros que incluem *Games Businesses Play: Cases and Models* (1997), *Creating Value Through International Strategy* (2005), *Redefining Global Strategy: Crossing Borders in a World Where Differences Still Matter* (2007)* e *Strategy and the Business Landscape* (2009).

Em *World 3.0: Global Prosperity and How to Achieve It* (2011)**, Ghemawat examina a globalização e as suposições feitas sobre ela. Ele refuta a ideia de que há apenas uma economia global, premissa central do livro *The World is Flat*, de 2006, de Thomas Friedman. Ao contrário, ele afirma, baseando-se em várias medições e indicadores econômicos, que as nações são muito mais desconectadas do que imaginamos. Vivemos, diz ele, em um mundo que é no máximo semiglobalizado.

Diferenças regionais existem e importam, defende Ghemawat, e as desigualdades e diferenças que existem de uma região para outra são fonte potencial de vantagem competitiva.

Seu livro chama-se World 3.0: Global Prosperity and How to Achieve It. O que havia de errado com o Mundo 1.0 e 2.0 (e 0.0, se é que existe)?

Bem, vamos começar com o *Mundo 1.0*. Quando estava na graduação, participei de um curso sobre macroeconomia de Martin Feldstein, e ele nos disse no último dia de curso: "Bem, é ótimo que vocês tenham absorvido todos esses modelos, mas esses são todos modelos de economias fechadas, e se vocês quiserem

---

* N. de E.: Publicado em língua portuguesa sob o título *Redefinindo Estratégia Global: Cruzando Fronteiras em um Mundo de Diferenças que ainda Importam*, Bookman, 2008.

** N. de E.: Publicado em língua portuguesa sob o título *Mundo 3.0: Como Alcançar a Prosperidade Global*, Bookman, 2012.

compreender macroeconomia avançada, será completamente diferente". Para mim isso é o *Mundo 1.0*, reconhecer que existem interações além das fronteiras, mas ainda fingir que podemos parcialmente perceber a realidade imaginando que os países são independentes.

Então nos movemos para o Mundo 2.0?
O *Mundo 2.0*, na verdade, ainda está conosco. Essa é a crença diametralmente oposta à do *Mundo 1.0*, na qual as fronteiras nacionais não importam e a integração transfronteiriça está quase completa.

Essa é a visão de mundo plano de Tom Friedman?

Recentemente, fiz um levantamento na plataforma online da *Harvard Business Review* oferecendo às pessoas três diferentes visões de mundo às quais eles poderiam aderir, e 62% dos participantes seguiram a caracterização de Tom Friedman de um mundo em que as fronteiras não importam, a distância é irrelevante, as linguagens não têm efeito, e assim por diante.

Você argumenta que o mundo não é tão plano quanto Friedman gostaria que acreditássemos.
Isso. Acho que a maioria das pessoas reconheceria que ainda existem algumas barreiras, mas é incrível a quantidade de pessoas que consideram essas barreiras apenas ruído ou trivialidades, como mostram as respostas do levantamento da HBR que mencionei.
Então o que eu gostaria é que as pessoas procurassem focar em países de interesse particular delas e

tentassem realmente entender a estrutura das relações econômicas internacionais desses países. Vejamos os Estados Unidos, por exemplo.

O maior parceiro bilateral de comércio dos Estados Unidos não é a China; é o Canadá. O Canadá é também o maior fornecedor de petróleo para os Estados Unidos, e está entre os dois principais países de destino das ligações telefônicas realizadas por cidadãos norte-americanos. Ainda assim, certamente ele não é a segunda maior economia do mundo.

Ligações telefônicas internacionais, na verdade, representam apenas 2% do total de ligações realizadas, o que, para aqueles que acreditam em um mundo globalizado, pode parecer estranho.

O ponto principal é que esses níveis de interações transfronteiriças são muito menores do que se esperaria em um mundo completamente integrado, e menores ainda do que as pessoas tendem a imaginar. Isso sugere que é importante ajustá-los, partindo de uma imagem precisa de quanto realmente estamos integrados, e é isso que tento apresentar em *World 3.0: Global Prosperity and How to Achieve It*. Portanto, estamos de fato em um estado de semiglobalização. O que descobrimos é que apenas 10 a 25% da maioria das atividades econômicas são realmente internacionais. Ainda mais surpreendente é que a maioria dessas atividades ocorre entre países similares: que dividem fronteiras, pertencem ao mesmo bloco comercial, falam a mesma língua ou possuem laços coloniais. À medida que as distâncias e as diferenças entre os países aumentam, suas interações econômicas tipicamente diminuem.

Entretanto, várias pessoas estão muito assustadas com a globalização. Por que elas se sentem assim?

Acredito que isso remonta aos exageros sobre o quanto estamos realmente globalizados. Se você é pró-globalização, isso é perigoso porque lhe sugere que não existe mais espaço para um crescimento na integração que possa trazer mais benefícios. E se você é antiglobalização, em um mundo 100% globalizado, é plausível culpar a globalização por qualquer coisa. Vários dos medos que aquelas pessoas antiglobalização alimentam sobre o assunto são abastecidos pelas mesmas ideias errôneas que levam até mesmo aqueles pró-globalização a desconsiderarem os ganhos oriundos de uma integração maior.

Então as pessoas estão com medo de perderem seus empregos, medo de que as partes mais pobres do mundo sejam exploradas pelas mais ricas, e todas essas coisas, mas o que estamos dizendo é que esses temores são exagerados.

Existem algumas questões sérias aqui. Passei sete capítulos do meu livro lidando com vários tipos de falhas de mercado e com o medo das pessoas, bem como se a globalização melhora ou piora isso; e acredito que para algumas dessas falhas e medos pode-se na realidade observar a globalização mitigando as coisas, e não as agravando. Para outras dessas falhas e medos, embora a globalização possa exercer um papel importante, em 10 a 20% delas, ela desempenha um papel bem diferente daquele que alguém poderia certamente esperar que desempenhasse.

Uma tensão presente no livro – de fato, a tensão central no livro – é esse processo de globalização ou integração internacional, se preferir, entre economias; e a noção de regulação e controle e, em parte, de protecionismo. Essa tensão pode ser solucionada?

Na verdade, existem algumas tensões, mas acredito que elas seriam relaxadas se reconhecêssemos como os níveis atuais de globalização são limitados. Deixe--me dar um exemplo. A maior preocupação das pessoas, principalmente nos países pobres, é o preço da comida. E, na verdade, comecei a escrever esse livro em resposta à crise internacional do arroz em 2007–2008, quando os preços internacionais do arroz triplicaram. Para muitas pessoas na época e para muitas pessoas agora, esse é um argumento para suspender o comércio internacional de arroz.

Mas quando você percebe que apenas 5% do arroz que é produzido no mundo é comercializado internacionalmente, você se dá conta de que nada que aconteça no fornecimento e nada que esteja acontecendo na demanda estão incluídos nesses 5%. Então a melhor maneira de lidar com isso não é reduzir esses 5% para 2% ou 1%; é aumentar a fração que é comercializada globalmente. Aumentar a integração nessa instância é que de fato vai ajudar.

Você perguntou sobre regulação, e o arroz ilustra bem que, embora o aumento de integração possa ajudar a reduzir a volatilidade nessa instância, isso provavelmente não é suficiente porque não é política nem eticamente justificável deixar pessoas famintas se elas não puderem comprar arroz pelo preço definido pelo mercado. Então, no final das contas, deixo uma mensagem que envolve certamente a dependência da integração como o motor principal que move a economia global para a frente, mas reconhecendo que em certas circunstâncias precisaremos de alguma regulação.

E quanto à produção de terras raras, uma commodity que é usada em vários eletrônicos e dispositivos de computador. Pessoas apontam o fato da China aparentemente ter o monopólio global. Qual é a situação lá?

Bem, certamente a China possui cerca de 95% da produção de terras raras. Essa é outra espécie de falha de mercado com a qual as pessoas se preocupam – pouca quantidade ou, em sua forma extrema, monopólio. E monopólios são ruins, mas não adiante dizer que somos os Estados Unidos ou o Reino Unido e que deveríamos nos desligar do mundo em resposta a esse problema. É muito mais eficiente fazer o que está sendo feito e ajudar outros países que possuem reservas, como o Vietnã, a desenvolver essas fontes de terras raras.

Portanto, ainda temos vários monopólios e oligopólios, particularmente no setor de *commodities*, e a resposta não é isolar-se do resto do mundo. Porque quando tratamos de algo como as terras raras, se você não possui essas reservas, não existe a possibilidade de desenvolvê-las por conta própria. É melhor tentar desenvolver uma cadeia de fornecimento que envolva maior integração com mais países do que virar as costas para o mundo.

Uma das coisas que realmente gostamos no livro é que ele fala sobre como podemos responder na condição de indivíduos, e reconhece que somos unidades individuais de análise nesse mundo globalizado. Nós gostamos particularmente da noção de cosmopolita enraizado. Você pode nos falar um pouco sobre isso?

Bem, o cosmopolita enraizado é uma pequena analogia ao exemplo dos países que acabei de usar. Onde você está localizado afeta o que é *perto* e o que é *longe*. Então cosmopolitas enraizados reconhecem que certas experiências e certas pessoas estão muito mais próximas deles. Um cosmopolita enraizado não busca essa ideia cosmopolita sem raízes que tenta fingir que alguém se preocupa igualmente com tudo o que está acontecendo em todos os lugares do mundo. Um cosmopolita enraizado apenas compreende que todos temos certas raízes e que isso é importante para definir o que tentaremos fazer e com quem tentaremos fazer.

Então essa é uma noção mais realista do que incitar pessoas a se tornarem repentinamente cidadãos globais, a qual insistimos em não aceitar?

Isso mesmo, e meu exemplo favorito é essa noção de observar a realidade, e não alguma retórica, quando falamos de cidadãos globais. Pessoas que possuem o conceito de cosmopolitas universais, ao contrário dos cosmopolitas enraizados, sugerem que deveríamos nos preocupar igualmente com pessoas do outro lado do mundo do mesmo modo com que nos preocupamos com nossos vizinhos. Mas acredito que tanto psicológica quanto economicamente isso é uma concepção irrealista. Em vez disso, o que enfatizo no meu livro é que se observarmos, por exemplo, o quanto os governos de países ricos gastam para eliminar a pobreza interna *versus* o que gastam para a pobreza estrangeira, a taxa é algo em torno de 30.000 para 1. E o que estamos tentando dizer é que os objetivos reais para aumentar a ajuda aos países em desenvolvimento, de certa forma seria trazer essa taxa de 30.000:1 para 15.000:1. Isso me parece uma proposição muito mais realista do que simplesmente dizer tudo bem, essa taxa precisa ser de 1 para 1, o que não vai acontecer neste século nem provavelmente no próximo.

Precisamos de um novo tipo de regulação? É chegado o momento para uma regulação supernacional que operaria além das fronteiras nacionais?

O alcance governamental é sempre escasso, e acredito que, especialmente considerando como são antigas as nossas instituições multilaterais, esse é o tipo mais escasso de alcance governamental imaginável. Assim, outra coisa que tento fazer no livro é articular quais tipos de problemas podem ser regulados de maneira local e quais são aqueles poucos problemas que absolutamente requerem tanto coordenação quanto regulação multilateral. Veja os problemas associados com poluição, por exemplo. A maioria dos poluentes que possuem um raio de ação muito pequeno operam em distâncias muito curtas, então regulações locais ou nacionais funcionam perfeitamente bem. Para poluentes com alcance intermediário, digamos, dióxido de carbono e chuva ácida, tendo que lidar com ácido sulfúrico depositado pela chuva, as soluções regionais podem funcionar, e de fato elas têm funcionado. E então, é claro, o tipo de problema mais complicado é o dióxido de carbono gerando aquecimento global, que não respeita distâncias, e, neste caso, precisamos de coordenação multilateral.

Mas em vez de dizer que todas as soluções deveriam ser multilaterais, eu tento especificar em quais casos a coordenação multilateral é realmente necessária porque esse é o tipo de coordenação que parece mais difícil de atingir.

Podemos dar marcha a ré na globalização, na integração? Podemos realmente andar para trás? Essa proposição é realista?

Bem, vamos começar com os problemas na zona de euro. Acredito que os problemas na zona de euro – e existe um conjunto similar de problemas no Espaço Schengen onde não há controle de fronteiras – são decorrentes de foco apenas nas barreiras administrativas entre os países, e a noção extremamente ingênua de que se nos livrarmos dessas barreiras administrativas, todos os outros problemas serão resolvidos e o resultado será uma integração perfeita. Possuir uma moeda comum não eliminou as diferenças econômicas entre diversas partes da Europa em termos de produtividade, taxas de crescimento, disposição para longas jornadas de trabalho, e assim por diante.

De modo similar, extinguir os controles fronteiriços não eliminou os preconceitos culturais que pessoas em diferentes partes da Europa possuem em relação a pessoas de outras partes da Europa. Então uma das coisas que precisa acontecer é reconhecermos que, na verdade, existem muitas barreiras para a integração transfronteiriça e que essa integração não equilibrada não é o melhor caminho a seguir. Tendo dito isso, estou muito preocupado que passos para trás – como a revogação dos acordos de Schengen ou a expulsão da Grécia da zona do euro – representem as primeiras reversões significativas de um processo que está ocorrendo na Europa, nos últimos 50 anos ou mais. É um processo que avançou aos solavancos, mas comparado à visão original dos fundadores da Comunidade Europeia do Carvão e do Aço, é provavelmente o melhor exemplo bem-sucedido de integração no período pós-guerra. Então havia um impulso genuíno no processo, e é perturbador que estejamos falando em dar passos para trás, embora, novamente, seja um lembrete dos perigos de uma integração não equilibrada.

Falamos um pouco sobre governância, e falamos um pouco sobre indivíduos. E as empresas? Como elas devem responder à globalização e reconhecer que estão em um mundo 3.0?

A primeira mensagem para as empresas é que, na verdade, precisamos reconhecer que as diferenças ainda importam. Em alguns aspectos, essa é a lição mais antiga nos negócios internacionais, ainda assim, é um erro que vemos empresas cometendo repetidamente. Por exemplo, veja o caso do Walmart, que é uma empresa que estudo há 25 anos. Há cinco ou seis anos, perguntaram a Lee Scott, que era o CEO na época: "O que o leva a pensar que o Walmart pode ser bem-sucedido internacionalmente?". E sua resposta foi basicamente: "Se conseguimos mudar do Arkansas para o Alabama, será que a Argentina vai ser tão diferente assim?". E tem sido um belo aprendizado para o Walmart que as diferenças entre a Argentina e o Arkansas são muito maiores que as diferenças entre o Arkansas e o Alabama, e que exigem uma adaptação muito maior.

É interessante também que empresas como a GE, que costumavam pensar que globalização era simplesmente exportar os mesmos produtos que fabricavam nos Estados Unidos, tenham mudado radicalmente seu ponto de vista com a experiência.

Sim, acredito que a GE é certamente uma empresa que tem estado na vanguarda do pensamento gerencial em vários aspectos, e que a sua evolução é um exemplo muito interessante tanto da distância que as empresas já percorreram, quanto da distância que ainda falta nessa travessia. Então, em termos de trajeto percorrido, mudar de um modelo focado em exportações, como você sugere, para a percepção de que elas, na verdade, precisam de operações locais, é algo que realmente cresceu nos últimos 10 anos de Jack Welch como CEO da GE. Foi nesa época, sobretudo, depois das consequências do acordo entre GE e Honeywell, que les começaram a perceber que apenas exportar para a Europa não bastava, eles precisam estar de fato presentes. Agora estão bastante comprometidos com a expansão além da Europa, encaminhando-se para a Ásia, que é onde grande parte do crescimento – se observarmos os resultados da GE nos últimos anos – tem estado.

Dito isso, a GE ainda está tentando encontrar os gestores certos. Como a maioria das empresas grandes, boa parte das receitas da GE vem de fora dos Estados Unidos, mas, pelas minhas estimativas,

90% dos 200 principais funcionários da empresa são norte-americanos, devido ao seu sistema baseado em senioridade. Portanto há uma discrepância, na qual eles estão trabalhando, mas isso ilustra quanto ainda precisa ser feito para tornar a GE mais apta a maximizar o potencial de operações em geografias tão diferentes.

Falamos sobre falsos preceitos e os temores criados pela globalização. Você está otimista sobre o futuro desse projeto de globalização?

Estou muito otimista com o médio e longo prazo. No curto prazo, temos enormes crises nas finanças públicas, particularmente no mundo desenvolvido, e isso provoca relações diferentes nos diferentes lados do Atlântico. Falamos sobre os problemas da zona do euro, mas não falamos sobre os problemas nos Estados Unidos com desequilíbrios fiscais e a incapacidade de lidar com mecanismos que tragam a economia de volta ao equilíbrio.

Bem, curiosamente, débitos do governo parecem ser uma das commodities *mais globalizadas.*

Eles parecem ser mais globalizados que algumas *commodities*, e me lembro de ter levantado alguns dados antes da crise: em uma média ponderada, algo entre 45 e 55% dos detentores de débitos do governo são externos. Eu somaria a isso dois fatores. Primeiro, isso ainda está muito longe de 80 a 100%. Segundo, dado o que temos observado, tem havido uma rápida redução nesse valor. Portanto, se prestarmos atenção agora às obrigações externas da Grécia, por exemplo, 90% delas – se nos focarmos nos débitos com bancos

– são com bancos dentro da zona do euro; e por isso é um problema europeu.

Por outro lado, se observarmos a exposição dos bancos norte-americanos aos problemas na zona do euro, com exceção da Irlanda, que historicamente tem sido fechada aos Estados Unidos por inúmeras razões – tanto geográfica quanto etnicamente, e assim por diante – representando algo em torno de 10 ou 11% da dívida externa total irlandesa, nos outros países do PIGS (Portugal, Itália, Grécia e Espanha), essa dívida é de 2, 4 ou 5%. Então existe um porquê de os europeus terem sido os principais interessados na resolução do problema na Grécia, uma vez que as relações internacionais não apenas são limitadas, como também as interações internacionais que acontecem no nosso mundo geralmente ocorrem entre países que são próximos uns dos outros tanto cultural, geográfica quanto economicamente, e assim por diante.

Palavras finais

Assim como Henry Mintzberg alerta sobre os perigos de estratégias desconectadas da realidade da empresa, Richard Rumel aponta para os riscos de se ter uma estratégia ruim em vez de boa. Rumelt tem sido descrito como o "estrategista dos estrategistas". É adequado, então, que ele feche o ciclo de nosso tour sobre estratégia.

Rumelt detém a cadeira Harry and Elsa Kunin in Business and Society da Anderson School of Management, na Universidade da Califórnia, em Los Angeles. Ele é reconhecido por seu estudo sobre estratégia corporativa, e sua pesquisa cobriu estratégias de diversificação corporativa e vantagem sustentável, bem como, recentemente, as transações industriais e a evolução de indústrias complexas. Ele foi autor e coautor de inúmeras publicações sobre negócios, incluindo três livros: *Strategy, Structure, and Economic Performance* (1974), *Fundamental Issues in Strategy* (1994) e *Good Strategy/Bad Strategy* (2011).

No último livro, Rumelt busca explicar "a lógica da estratégia boa e as origens do poder que estrategistas talentosos têm explorado". Isso inclui uma discussão detalhada sobre vantagem competitiva, como fortalecê-la, como explorar a inércia e como pegar ondas de mudança. Ele também oferece uma ideia sobre o que constitui uma estratégia ruim.

O livro inicia com o breve relato da vitória naval do Almirante Horatio Nelson na Batalha de Trafalgar, em 1805, quando a frota inglesa formada por 27 navios derrotou as forças combinadas de França e Espanha, que contavam com 33 navios. Nelson salvou o dia adotando uma estratégia não convencional. Ignorando as convenções navais da época, ele dividiu sua frota em duas colunas, navegando perpendicularmente à frota inimiga para romper a linha franco-espanhola.

Nelson sabia que seus navios frontais ficariam vulneráveis aos canhões franco-espanhóis até que pudessem se aproximar da frota inimiga. Ele apostou que os menos treinados atiradores inimigos não conseguiriam capitalizar a sua vantagem. Ele estava certo. Os canhões franceses e espanhóis não foram capazes de compensar as grandes ondulações do mar e perderam a oportunidade de afundar os navios ingleses enquanto eles eram incapazes de retornar os disparos. Depois que entraram na batalha, a superioridade dos marinheiros ingleses foi decisiva. Os franceses e espanhóis perderam 22 navios, e os ingleses não perderam nenhum. Isso, aponta Rumelt, é um exemplo de estratégia boa.

"O desafio de Nelson era estar em minoria. Sua estratégia foi arriscar seus navios dianteiros buscando quebrar a coesão da frota inimiga. Com a coesão perdida, julgou ele, os experientes capitães ingleses sairiam vitoriosos na batalha. Estratégia boa quase sempre parece tão simples e óbvia como essa e não requer uma pilha de slides de PowerPoint para ser explicada. Ela não salta de alguma ferramenta de 'gestão estratégica', matriz, gráfico, triângulo ou de um esquema de preencher lacunas. Pelo contrário, um líder talentoso identifica uma ou duas questões na situação – os pontos centrais que podem multiplicar a eficiência ou o esforço – e então focam e concentram ações e recursos neles".

"Apesar do murmúrio de vozes querendo equiparar estratégia com ambição, liderança, 'visão', planejamento ou lógica econômica de competição, ela não é nenhuma dessas coisas. A essência do trabalho estratégico é sempre a mesma: descobrir os fatores cruciais em uma situação e desenvolver uma forma de coordenar e focar ações para lidar com esses fatores".

Rumelt nos lembra de maneira oportuna que a estratégia trata de adequar os recursos à sua disposição a uma situação ou contexto específico, e os utiliza de modo inesperado para criar uma vantagem ou superar uma desvantagem. Geralmente, isso envolve usar forças contra fraquezas. Mas uma boa estratégia possui uma coesão de design que minimiza riscos e maximiza as chances de sucesso. Em resumo, uma estratégia boa é uma estratégia conjunta. Os líderes devem avaliar a situação enfrentada pela organização e encontrar uma maneira de superar os obstáculos para atingir os objetivos. Algumas vezes, isso exige que eles corram riscos. Mas deve ser sempre um risco calculado, um que seja assumido sem deixar a organização desnecessariamente exposta ou vulnerável.

Como Rumelt explica: "A maior responsabilidade de um líder é identificar os grandes desafios que impedem o progresso e desenvolver uma abordagem coesa para superá-los. A estratégia é importante em contextos que vão desde direção corporativa até segurança nacional. No entanto, estamos tão acostumados à estratégia como exortação que sequer piscamos quando um líder despeja slogans e anuncia objetivos pomposos, chamando essa mistura de estratégia". Ele contrasta a estratégia de alto risco de Nelson com aquela da Lehman Brothers. Em 2006, o mercado de propriedades norte-americano estava no auge. Um aumento nas taxas de juros, por parte do banco central norte-americano (The Fed), levou a um aumento nas execuções hipotecárias. A resposta estratégica de Richard Fuld, CEO da Lehman, foi uma estratégia que consistia em seguir aumentando sua participação de mercado por meio de um crescimento maior que o da concorrência. Para isso, Lehman aumentaria seu "apetite por riscos"; foi como definiu Wall Street. Ele aceitaria negócios que outros bancos estavam rejeitando. Infelizmente, essa não era uma estratégia redonda; faltava uma resposta aos problemas causados por assumir maiores riscos. Sem isso, ela era simplesmente ambição cega e uma estratégia bem ruim, de fato.

"Operando com uma equidade de apenas 3%, e grande parte de seus débitos sendo de curtíssimo prazo, essa política deveria estar acompanhada de formas mais inteligentes de mitigar o risco crescente", observa Rumelt. "Uma estratégia boa reconhece a natureza do desafio e oferece uma maneira de superá-lo. Ser apenas ambicioso não é uma estratégia. Em 2008, a Lehman Brothers encerrou seus 158 anos de atividade como banco de investimentos, com uma quebra que colocou o sistema financeiro mundial em espiral. Aqui, as consequências de uma estratégia ruim foram desastrosas para a Lehman, para os Estados Unidos e para o mundo".

O trabalho de Rumelt oferece uma fábula moral para todos os estrategistas. Existem duas dimensões, diz ele, para uma estratégia boa.

Possuir uma estratégia coerente; uma que coordene políticas e ações. Uma estratégia boa não utiliza apenas a força existente; ela cria força por meio da coerência de seu design. A maioria das organizações de qualquer tamanho não fazem isso. Ao contrário, eles perseguem múltiplos objetivos que estão desconectados uns dos outros, ou pior, que são conflitantes entre eles. "A criação de novas forças por sutis alterações de ponto de vista. Uma reestruturação criativa de uma situação competitiva pode criar padrões completamente novos de vantagens e fraquezas. As estratégias mais poderosas emergem dessas ideias que mudam o jogo".

Uma estratégia ruim? De acordo com Rumelt, existem quatro características que devem disparar os alarmes:

1. **Fracasso ao enfrentar o problema.** Isso geralmente ocorre quando o problema não foi definido apropriadamente.
2. **Objetivos equivocados para a estratégia.** Esse foi o erro cometido pela Lehman Brothers.
3. **Objetivos estratégicos ruins.** Cuidado com uma longa lista de objetivos que não possuem prioridades ou sequer estão conectados uns com os outros.
4. **A última característica é o que Rumelt chama de "firula", ou húbris.** Desconfie de uma estratégia que afirme o óbvio com palavras bonitas. Rumelt dá o exemplo de um banco de varejo que proclama: "Nossa estratégia fundamental é a intermediação focada no cliente". Na realidade, a atividade bancária é intermediação. *Focada no cliente* não significava nada. Então, assim que removemos as palavras bonitas, a estratégia do banco ficou resumida a "ser um banco"; tautológica no máximo.

Prossiga com cuidado, mas prossiga.

Notas

Capítulo 1

1. Markides, Costas, "Fine-Tuning Your Strategic Thinking", *Business Strategy Review*, 12, no. 3, 2001.
2. Todas as citações não atribuídas vêm de entrevistas com o autor.
3. Hughes, Daniel (ed.), *Moltke on the Art of War*, Presidio Press, 1993.
4. Sun Tzu, *The Art of War* (trad Griffiths), Oxford University Press, 1963. (Publicado em língua portuguesa sob o título *A Arte da Guerra*.)
5. Ibid.
6. Maquiavel, Nicolau. *The Prince*, Penguin, 1967. (Publicado em língua portuguesa sob o título *O Príncipe*.)
7. Von Clausewitz, Carl, *On War*, Princeton University Press, 1976 (revised ed. 1984).

8. Kiechel, Walter, *The Lords of Strategy: The Secret History of the New Corporate World*, Harvard Business School Press, 2010.
9. Ansoff, H. I., "A Profile of Intellectual Growth", in *Management Laureates*, A. G. Bedeian (ed.), JAI Press, 1994.
10. Ansoff, H. I., *Strategic Management*, Macmillan, 1979.
11. Ansoff, H. I., *New Corporate Strategy*, Wiley, 1989..
12. Kiechel, Walter, *The Lords of Strategy: The Secret History of the New Corporate World*, Harvard Business School Press, 2010.
13. "Professor Porter PhD", *Economist*.

Capítulo 2

1. Porter, Michael, *Competitive Strategy*, Free Press, 1980.
2. Ibid.
3. Porter, Michael, *"How Competitive Forces Shape Strategy"*, Harvard Business Review, March 1979.
4. Porter, Michael, *Competitive Strategy*, Free Press, 1980.
5. Ibid.

Capítulo 3

1. Wernerfelt, Birger, "A Resource-Based View of the Firm", *Strategic Management Journal*, 1984.
2. Byrne, John, "Three of the Busiest New Strategists", *Businessweek*, August 26, 1996.
3. Hamel, Gary, and Prahalad, C. K., *Competing for the Future*, Harvard University Press, 1994.
4. Ibid.
5. Learned, Edmund Philip, Christensen, C. Roland, Andrews, Kenneth, and Guth, William D., *Business Policy: Text and Cases*, Irwin, 1965.
6. Hamel, Gary, and Heene, Aime (eds.), *Competence-Based Competition*, Wiley, 1995.
7. Hamel, Gary, and Prahalad, C. K., *Competing for the Future*, Harvard University Press, 1994.
8. Prahalad liderou o ranking da Thinkers50 em 2007 e 2009.

Capítulo 4

1. D'Aveni, Richard, *Hypercompetition*, Free Press, 1994.
2. Ibid.
3. D'Aveni, Richard, "Corporate Spheres of Influence", *MIT Sloan Management Review*, Summer 2004.
4. D'Aveni, Richard, "Spheres of Influence: Constructing a Forcefield to Deflect Competitors", *Financial Times*, August 16, 2002.
5. D'Aveni, Richard. "Corporate Spheres of Influence", *MIT Sloan Management Review*, Summer 2004.

Capítulo 6

1. Mintzberg, Henry, "Five Ps for Strategy", *California Management Review*, June 1987.
2. Mintzberg, Henry, *The Rise and Fall of Strategic Planning*, Prentice-Hall, 1994.
3. Ahlstrand, Bruce, Lampel, Joseph, and Mintzberg, Henry, *Strategy Safari*, 2d ed., Prentice-Hall, 2008

Capítulo 8

1. Um grupo de empresas com relações de negócios interligadas e participação financeira (shareholding).
2. Cada um dos grandes bancos fazia parte de um grupo *zaibatsu* de empresas antes da Segunda Guerra Mundial. Como parte de um *zaibatsu*, cada empresa era dona de partes de outros grupos de empresas, e cada uma agia em conjunto com as outras para competir contra outro *zaibatsu*. O governo de ocupação formalmente desmantelou o *zaibatsu* depois da guerra, mas os grandes bancos ainda agem como bancos centrais para diversas empresas que geralmente carregam o mesmo nome do banco.

Índice

A *Arte da Guerra* (Tzu), 7
A *Book of Five Rings* (Mushashi), 8
abordagem estruturalista, 97–100
abordagem reconstrucionista,
  98–100
abrangência corporativa, 47
Allen, David, 129–131, 133–136
ameaça dos substitutos, 24
American Express, 62
Andrews, Kenneth, 46
Ansoff, Igor, 10–13, 22
aprender fazendo, 47
ativos e capacitações, 83

Bach, David, 18–19, 129–131,
  133–136
  entrevista, 135–141

Baron, David, 18–19, 126–129
Batalha de Trafalgar, 169–170
Body Shop, 103–104
Boston Consultancy Group
  (BCG), 13–16
Business Policy (Andrews), 46

cadeia de valor, 27–29
capitalismo hipercompetitivo,
  146–155
CEMEX, 103–104
Chandler, Alfred, 9–10
China, e capitalismo, 146–155
Chiquita Brands, 136–137
cidadãos globais, 162–164
5 *Ps*, 108–112
Cirque du Soleil, 93–94

cocriação, 57–59
  exemplo, 57–58
comoditização, ameaça da, 75–79
competências essenciais, 17–18,
  45–46, 58
  elementos-chave, 47–48
  identificando, 48–49
competição, 143–146
  ver também hipercompetição;
  capitalismo hipercompetitivo
Competitive Strategy (Porter),
  23–27
condições de demanda, 146
condições de fatores, 145–146
consumidores, 83
Corporate Strategy (Ansoff),
  10–13
corredor de preço das massas, 92
cosmopolita enraizado, 161–163
Creating New Market Space (Kim
  e Mauborgne), 83–84
crescimento endógeno, 97–99
criando novos mercados, 87–89
  como podem usar inovação de
  valor, 89–90
curva de experiência, 13–14
curva de valor, 83

D'Aveni, Richard, 17–18, 29–31,
  38, 67–79, 146–155
débitos do governo 167–169
decisões, tipos de, 11
democratização do comércio,
  56–61
deteriorização, 76–77
diferenciação, 26, 31, 65
Discovery-Driven Growth
  (McGrath), 31–32
diversificação, 63–65
Dole, 136–138
dominância temporal, 47
Drucker, Peter, 9

eficiência de mercado, 153
empresa de consultoria, 12–16
entrada de novos concorrentes,
  24
escalada, 77
esferas de influência, 73–75
espaço de mercado, criação de,
  89–90
estabilidade, 39–40
estratégia competitiva, 23–29
estratégia corporativa, versus
  estratégia de negócios, 1–2
estratégia de consenso, 108
estratégia de negócios, 99–103
  versus estratégia corporativa,
  1–2
estratégia de protótipo, 120
estratégia deliberada pura, 107
estratégia desconectada, 107
estratégia emergente, 107
estratégia guarda-chuva, 107
estratégia harmônica, 46–49
estratégia ideológica, 107
estratégia imposta, 108
estratégia militar, 6–8
estratégia planejada, 107
estratégia ruim, marcos da, 172
estratégia, 146
  definição, 2–6
  e estrutura, 9–10, 97–100
  estratégia militar, 6–8
  ortodoxias e práticas aceitas,
  106
  padrão em um fluxo de
  decisões, 106
  versus tática, 8
estratégias de não mercado,
  126–127
  abordar a estratégia de
  não mercado em uma
  organização, 138–141

Índice 179

definição, 135-136
e cooperação, 140-141
fazendo as estratégias de não mercado funcionarem, 129-131
importância dos agentes de não mercado, 136-138
lançamento de sucesso, 133-136
pressão de forças políticas e sociais, 132-134
quatro Is, 127-128
estratégias de processo, 107
estratégias empreendedoras, 107
estratégias genéricas, 26-27
Estratégica do oceano azul, 38, 94-100
estrategização criativa, 51-52
estrutura, 146
e estratégia, 9-10, 97-100
evaporação, 78
exercício militar, 8-9
exploração cibernética, 125-126

"firula", 172
foco estratégico, 82
foco, 26
forças de não mercado, 129
Ford, 102-103
Formulação estratégica, 112-113
Friedman, Thomas, 156-158
Fuld, Richard, 171-172

General Electric (GE), 166-167
General Motors (GM), 102-103
General Motors, *versus* Toyota, 30-31
gestão estratégica, 11-12
nascimento da, 9-13
uso dos modelos na, 12-16
Ghemawat, Pankaj, 155-157
entrevista, 156-169

globalização, 72, 130-131
medo da, 158-160
regulação, 160-161, 163-164
resposta das empresas a, 165-166
revertendo, 164-166
suposições, 156-157
tensão, 159-161
Good Strategy/Bad Strategy (Rumelt), 18-19, 168-172
Google, 57-58
grande estratégia, 8
GTE, *versus* NEC, 45
Guia modelo de negócios, 92

Hamel, Gary, 16-18, 42-51
estrategização criativa, 51-52
sua competência essencial, 52-54
Henderson, Bruce, 12-16
hipercompetição, 17-18, 38, 67, 69-79, 149-150
húbris, 172
Hypercompetition (D'Aveni), 69, 71-72

IKEA, 65
Immelt, Jeffrey, 155
indústrias correlatas e de apoio, 146
informação, 127
inovação de valor, 82-84
construindo a estratégia em torno de, 86
definição, 84-85
para criar novo espaço de mercado, 89-90
versus tecnologia, 86-87
instituições, 127
intenção estratégica, 43-45
interações estratégicas dinâmicas, 69

interesses, 127
JCDecaux, 93-94
Kiechel, Walter, 9, 13-14
Kim, W. Chan, 17-18, 38, 81-84
  estratégia do oceano azul,
  94-100
  entrevista, 84-95, 99-104
Kramer, Mark, 143

Lafley, A.G., 18-19, 63, 114-115
Lampel, Joseph, 112
Lampl, Peter, 14-16
LEGO, 62
Lehman Brothers, 171-172
Levitt, Ted, 46
liderança baseada em custos, 26
lócus competitivo, 47

Managing for Results (Drucker), 9
Mapa de utilidade para o
  comprador, 91
Mapa pioneiro-migrante-
  conformado, 83
Maquiavel, Nicolau, 8
Markides, Costas, definindo a
  estratégia, 2-5
Martin, Roger, 18-19, 113-123
Matriz BCG, 13-15
Matriz GE / McKinsey 15-16
Mauborgne, Renée, 17-18, 38,
  81-84
  estratégia do oceano azul,
  94-100
  entrevista, 84-95, 99-104
McGrath, Rita, 17-19, 31-40
McMillan, Ian, 38
medidas contrarrevolucionárias,
  73-75
Mellahi, Kamel, 132-134

Mintzberg, Henry, 9, 17-18,
  105-113
mitigando riscos, 96-97
  ver também Estratégia do
  oceano azul
modelo das cinco forças, 24-25
modelo dos 7S, 70-71
Modelo T, 102-103
movimentos estratégicos, 95-96,
  102-103
  exemplo, 102-104
Mulally, Alan, 35

N = 1, 57, 60
NABI, 93-94
NEC, versus GTE, 45
Nelson, Horatio (Adm.), 169-170

O Príncipe (Maquiavel), 8
oferta de produto e serviço, 83
Olay, 116-119
On War (Von Clausewitz), 8-9

padrão, estratégia como, 108
paradigma estrutura-conduta-
  desempenho (SCP), 24
paralisia por análise, 11-12
patriotismo corporativo, 153
Penrose, Edith, 16-17, 41
pensamento estratégico, 110
perspectiva, estratégia como,
  109
planejamento estratégico, 11-12,
  110
plano, estratégia como, 108
Playing to Win (Martin e Lafley),
  114-115
poder de barganha dos
  compradores, 24-25
poder de barganha dos
  fornecedores, 25
poluição, 163-164

Porter, Michael, 16–17, 22–31,
143–146
posição, estratégia pode ser, 108
posicionamento de mercado,
16–17
Prahalad, C.K., 16–18, 42–51,
54–61
pressupostos sobre a indústria, 82
pretexto, estratégia como, 108
Prius, 133–136
processo de planejamento
estratégico, 84
processo estratégico, 17–18
estratégia de consenso, 108
estratégia de processo, 107
estratégia deliberada pura, 107
estratégia desconectada, 107
estratégia emergente, 107
estratégia empreendedora, 107
estratégia guarda-chuva, 107
estratégia ideológica, 107
estratégia imposta, 108
estratégia planejada, 107
processo justo, 84, 90–91
Procter & Gamble, 62, 114–115
produção de terras raras, 160–162
proficiência em inovação, 36–37
proliferação, 77

questões, 127

R = G, 58, 60
Ramaswamy, Venkat, 54
rivalidade, 146
  entre concorrentes existentes,
  25
Rumelt, Richard, 18–19, 47,
168–172

Scania, 65
Schultz, Howard, 63
Scott, Lee, 165–166

Starbucks, 63, 103–104
Strategic Capitalism (D'Aveni),
146
Strategy (Liddell-Hart), 8
Strategy and Structure (Chandler),
9
Strategy Safari (Mintzberg e
Lampel), 112–113

tatica, *versus* estratégia, 8
"The Anatomy of Corporate
Planning", 9
The Competitive Advantage
(Porter), 143–144
The Lords of Strategy (Kiechel),
9, 13–14
*The Rise and Fall of Strategic
Planning* (Mintzberg), 9, 110
The World Is Flat (Friedman),
156–157
Total Quality Management
(TQM), 56
tour de deveres, 39
Toyota
  versus General Motors, 30–31
Tzu, Sun, 7, 44

vantagem competitiva, 31–40
Volkswagen, 132–134
Von Clausewitz, Carl, 8–9
Von Moltke, Helmuth Carl
Bernard, 6
Vopak, 62–63

Walmart, 165–166
Wernerfelt, Birger, 16–17, 42
World 3.0 (Ghemawat), 156–157
Wu, Sun, 7

zona do euro, 164–166
Zook, Chris, 5–6, 17–18, 61–65

Agradecimentos

Gostaríamos de agradecer a Steve Coomber por sua ajuda neste livro. Somos gratos aos nossos colegas da Thinkers50, Joan Bigham e Deb Harrity, por suas contribuições essenciais e criativas. Também gostaríamos de agradecer a todas as pessoas que entrevistamos durante os últimos 20 anos em que escrevemos sobre pensamento de negócios, especialmente a David Bach, Richard D'Aveni, Pankaj Ghemawat, Gary Hamel, W. Chan Kim, Rita McGrath, Roger Martin, Renée Mauborgne, Henry Mintzberg e Chris Zook. Nosso agradecimento especial a C.K. Prahalad, que mesmo não estando mais conosco, prestou uma enorme colaboração com sua generosidade intelectual.

Os autores

Professores adjuntos do IE Business School em Madrid, Stuart Crainer e Des Dearlove criam e defendem ideias de negócios. Eles são os criadores do Thinkers50 (www.thinkers50.com), o ranking mundial de líderes no pensamento sobre negócios. Seu trabalho na área levou a *Management Today* a descrevê-los como "*market makers* por excelência".

Como jornalistas e analistas, Stuart e Des têm feito perguntas pertinentes há mais de duas décadas. Agora eles ajudam líderes a encontrarem suas próprias perguntas e a explorarem a melhor maneira de comunicar as respostas às pessoas. Foram consultores no relatório de 2009 do governo britânico sobre comprometimento dos funcionários e sócios do Management Innovation Lab, na London Business School. Seus clientes incluem Swarovski, o Departamento de Desenvolvimento Econômico em Abu Dhabi, Fujitsu, e Heidrick & Struggles.

Stuart e Des são colunistas do *Times* (Londres), editores colaboradores da revista norte-americana *Strategy+Business*, e editaram o *bestseller Financial Times Handbook of Management*. Seus livros incluem *The Management Century, Gravy Training, The Future of Leadership* e *Generation Entrepreneur*, os quais estão disponíveis em mais de 20 línguas.

Stuart é editor da *Business Strategy Review*. De acordo com a *Personnel Today*, ele é uma das figuras mais influentes na gestão de pessoas inglesas. Des é professor-associado da Saïd Business School, na Universidade de Oxford, e é o autor de um estudo líder de vendas sobre o estilo de liderança de Richard Branson.

Des e Stuart têm ensinado estudantes de MBA, professores e executivos seniores em programas ao redor do mundo. Entre eles, o Oxford Strategic Leadership da Saïd Business School, na Universidade de Oxford; o Columbia Business School em Nova York; o Tuck Business School no Darthmouth College, em New Hampshire; o IMD em Lausanne, Suíça; e o London Business School.

Thinkers50

O Thinkers50 – ranking mundial definitivo de pensadores em gestão – examina, avalia e compartilha ideias sobre gestão. Ele foi criado por Stuart Crainer e Des Dearlove, dois jornalistas de negócios, que identificaram um lugar no mercado para um ranking independente dos melhores pensadores em gestão. O Thinkers50 vem sendo publicado a cada dois anos desde a sua primeira publicação em 2001.

Em 2011, Crainer e Dearlove acrescentaram inúmeras categorias de premiação e sediaram o primeiro Thinkers50 Summit, descrito como "O Oscar do pensamento em gestão e negócios". O vencedor em 2011 foi o professor Clayton Christensen, da Harvard Business School. Os vencedores das edições anteriores foram C.K. Prahalad (2009 e 2007), Michael Porter (2005) e Peter Drucker (2003 e 2001).

O ranking é baseado em uma votação realizada no site do Thinkers50 e nas contribuições de uma equipe de consultores liderada por Stuart Crainer e Des Dearlove. O Thinkers50 possui 10 critérios estabelecidos para a avaliação dos pensadores:

- Originalidade das ideias
- Viabilidade das ideias
- Estilo de apresentação
- Comunicação escrita
- Lealdade aos seguidores
- Senso empresarial
- Perspectiva internacional
- Rigor da pesquisa
- Impacto das ideias
- Poder de inspirar